Paul Leroy-Beaulieu

Le Luxe et la fonction de la richesse.

Édition : BoD · Books on Demand, 31 avenue Saint-Rémy, 57600 Forbach, bod@bod.fr
Impression : Libri Plureos GmbH, Friedensallee 273, 22763 Hamburg (Allemagne)
ISBN : 978-2-3225-3256-8
Dépôt légal : Décembre 2024

Chapitre I.

Caractère et variété du luxe – son rôle économique.

Qu'est-ce que le luxe ? Ce mot, comme celui de grandeur, est une des ces expressions comparatives qui n'offrent à l'esprit aucune idée nette et déterminée : il n'exprime qu'un rapport entre deux ou plusieurs objets ; il n'a de sens fixe qu'au moment où on les met, si je l'ose dire, en équation, et que l'on compare le luxe d'une certaine nation, d'une certaine classe d'hommes, d'un certain particulier, avec le luxe d'une autre nation, d'une autre classe d'hommes, et d'un autre particulier.
(Helvétius)

La question de la légitimité ou de l'illégitimité, de l'utilité ou de la nocuité du luxe, est une des plus débattues qui soient. Les moralistes la revendiquent, en général, comme étant de leur seule compétence. C'est une de leurs matières favorites ; ce l'était surtout dans l'antiquité. Le thème est admirable pour la déclamation ; certains écrivains classiques, très austères de langage, plus conciliants de mœurs, Salluste et Sénèque, s'y sont complu ; quelques belles pages d'éloquence et de style sont dues sur ce sujet à leur vertueuse indignation.

On ne peut, cependant, abandonner la question du luxe aux seuls professeurs de morale. Les économistes ne doivent pas s'en désintéresser. Il ne s'agit pas là seulement de préceptes et de règles pour la conduite édifiante de la vie, mais aussi de la direction que l'on doit donner, sinon à la production tout entière, du moins à une partie notable de la production, et, d'autre part, de l'influence de certaines consommations sur la répartition des richesses, sur les situations respectives des diverses classes de la société. Henri Baudrillart a consacré quatre gros volumes à décrire l'évolution, les variétés, les excentricités du luxe dans les diverses civilisations et à tous les âges de l'humanité. Nous voudrions ici examiner sommairement les principaux éléments de cette question si complexe, et faire suivre cette analyse de quelques réflexions sur l'usage de la fortune et la fonction sociale de la richesse.

I

L'une des difficultés, non la moindre, est de définir exactement le luxe. Il n'est guère de matière où l'on s'entend moins. Beaucoup blâment le luxe et d'autres le louent qui ne comprennent pas sous ce mot les mêmes objets ou le même train de vie. Si l'on ouvre le Dictionnaire de l'Académie, on trouve au mot *Luxe* cette définition : « Somptuosité, excès de dépense, dans le vêtement, les meubles, la table. » Les mots de « somptuosité » et d'« excès » auraient eux-mêmes besoin d'être définis dans ce cas. Le Dictionnaire de Littré ne s'éloigne guère de celui de l'Académie ; on y lit : « *Luxe*, magnificence dans le vêtement, dans la table, dans l'ameublement ; abondance de choses somptueuses. » Un économiste, très dur pour le luxe, Emile de Laveleye, écrit : « Est objet de luxe ce qui est à la fois superflu et coûteux, c'est-à-dire ce qui satisfait à un besoin factice et a coûté beaucoup de journées de travail. » Et il accumule, à ce sujet, une foule de citations. Mais qu'est-ce qu'un besoin factice, et à partir de quel nombre de journées de travail consacrées à un objet, celui-ci est-il mis au rang des articles de luxe ?

Les trois définitions que nous venons de reproduire sont bien lâches et bien vagues ; cependant, si elles répondent assez aux idées flottantes de quelques hommes délicats, elles n'expriment pas le sens courant et vulgaire du mot.

Le tort est de chercher une formule absolue pour une chose aussi relative, ondoyante et variable. Voici la définition que nous proposerons : Le luxe consiste dans cette partie du superflu qui dépasse ce que la généralité des habitants d'un pays, dans un temps déterminé, considère, comme essentiel, non seulement aux besoins de l'existence, mais même à la décence et à l'agrément de la vie. Le luxe est donc une chose singulièrement variable et qui se déplace sans cesse, la limite en reculant de plus en plus au fur et à mesure que l'ensemble d'une société s'enrichit et se raffine.

Le mérite de cette définition, suivant nous, c'est qu'elle garde au luxe son caractère relatif se transformant d'âge en âge. Au barbare qui envahissait l'Empire romain, le simple mobilier et la garde-robe d'un ménage modeste de notre petite bourgeoisie ou de l'élite de notre classe ouvrière eût paru abonder en objets de luxe ; quelques fauteuils peu coûteux, mais capitonnés, un tapis de feutre, des rideaux aux fenêtres, un joli papier à bon marché tapissant le mur, une glace, une pendule, quelques vases pleins de fleurs, une vaisselle un peu variée, des chemises, des mouchoirs, des cravates, des bas, tout cet attirail nouveau pour lui, lui eût semblé n'être essentiel ni aux besoins normaux de l'existence, ni même à la décence et à l'agrément de la vie. Bien plus, il s'en serait trouvé gêné et incommodé.

Si l'on introduit aujourd'hui encore un berger des Pyrénées ou des Alpes dans l'appartement d'un rentier ayant une vingtaine de mille francs de rentes et vivant conformément à ce revenu, il trouvera que cet homme s'encombre d'une foule d'objets inutiles, de riens coûteux et qui ne peuvent procurer que des jouissances factices.

L'idée de ce qui constitue le luxe varie de la façon la plus frappante suivant le pays, le temps et les classes de la société. Chaque classe considère comme luxe les objets que sa situation de fortune ne lui permet pas de posséder et dont la classe supérieure, au contraire, a les moyens d'user.

Un fait absolument démontré, et dont nous fournirons plus loin quelques exemples, c'est que le luxe d'une époque ou d'une classe sociale tend à devenir, sinon une nécessité, du moins un objet de décence pour l'époque suivante et pour la classe sociale d'en dessous. La civilisation est caractérisée par la généralisation graduelle, progressive, de nombre de consommations de luxe qui perdent ainsi successivement ce caractère. Chaque dizaine d'années, quelques objets de luxe cessent de l'être par leur diffusion et l'abaissement de leur prix.

La définition que nous avons donnée est essentielle pour permettre d'aborder l'examen de la légitimité ou de l'illégitimité, de l'utilité ou de la nocuité du luxe.

En parlant du luxe en principe, nous faisons abstraction de certains excès et de certaines aberrations. En se demandant si le vin est bon pour l'homme, on entend seulement un usage modéré et rationnel du vin.

L'usage du luxe, c'est-à-dire de superfluités même coûteuses, même ne flattant que la vanité ou les dispositions frivoles de l'esprit et des sens, doit-il être proscrit par l'économie politique ? doit-il, au contraire, être admis par elle, tout au moins obtenir d'elle des circonstances atténuantes, tout en mettant de côté les extravagances et les difformités luxueuses, qui évidemment sont condamnables ? Le luxe a beaucoup d'ennemis. Un grand nombre d'hommes le considèrent comme un abus, comme un péché, comme un scandale. Les uns s'imaginent que, si le luxe venait à disparaître, les sociétés seraient plus heureuses et d'une moralité plus élevée. D'autres croient que le superflu de quelques-uns est acquis au détriment du nécessaire de quelques autres.

Les ennemis du luxe en principe peuvent se diviser en deux classes : d'un côté, certains moralistes et politiques, de l'autre, divers économistes.

A beaucoup de moralistes, la concupiscence, l'orgueil de la vie, apparaissent comme les obstacles à la perfection : les philosophes, tels que Socrate, veulent placer l'idéal de la vie dans la contemplation et le dévouement. Certes, ces idées sont d'une grande noblesse et on a raison de les propager ; mais elles ne peuvent diriger complètement l'existence que d'une élite. Le type de vie claustrale ou académique auquel elles conduisent ne peut constituer la vie générale : à supposer que l'univers entier s'y fût rangé depuis l'origine, on peut se demander si la civilisation eût autant progressé, si la vie moyenne eût été aussi facile et aussi longue, le bien-être aussi répandu, et si même on eût pu procurer à la généralité des hommes les consommations indispensables, les loisirs assez larges, l'instruction et les connaissances dont jouissent aujourd'hui ou dont jouiront demain presque tous les habitants des contrées civilisées.

Platon lui-même, le plus spiritualiste des philosophes, admettait que l'on peut demander aux dieux les richesses.

M. Emile de Laveleye, critique sévère du luxe, attribue à ce goût des superfluités une racine qui plonge dans trois sentiments différents, dont les deux premiers seraient vicieux et le troisième seul vertueux : 1° la sensualité ; 2° la vanité ; 3° l'amour de l'idéal. A supposer qu'il en soit ainsi, le troisième sentiment ne rachèterait-il pas les deux autres ? Les deux premiers sont-ils, d'ailleurs, vicieux à tous les degrés ? Quelque sensualité et quelque vanité ne peuvent-elles trouver, au moins, certaines circonstances atténuantes ?

Quant aux raisonnements politiques contre le luxe, ils portent surtout sur ces deux points, que le luxe accroît l'écart entre les classes de la population et leur donne un caractère plus tranché, qu'ensuite la vie luxueuse énerve les hommes et livre les populations cultivées en proie aux peuples barbares. Pour ce qui est de l'écart entre les conditions des hommes, nous avons souvent démontré qu'il tend plutôt à s'affaiblir, et c'est le thème même d'un de nos ouvrages. Cette inégalité, d'ailleurs, n'a pas uniquement des effets malfaisants : elle est à la fois le résultat et le stimulant de la civilisation. Quant aux dangers que le luxe peut faire courir aux Etats, il faut d'abord constater qu'autre chose est le luxe et autre chose la vie luxueuse. On peut aimer et rechercher le luxe dans l'ameublement, dans la décoration, dans les objets d'art, et vivre sous les autres rapports avec simplicité. Le prétendu amollissement physique qui résulterait des goûts de luxe n'est pas démontré : dans presque tous les pays d'Europe, les jeunes gens des classes les plus aristocratiques déploient, en ce qui concerne les exercices physiques et les actes de courage, au moins autant de vigueur et de résolution que les hommes des autres couches sociales. Les civilisés, depuis trois siècles, prennent, d'autre part, une éclatante revanche sur les barbares. Si la civilisation est menacée, c'est beaucoup moins par le goût de l'élégance de la vie que par le venin de certaines doctrines, par le dilettantisme intellectuel et moral qui, chez ses adeptes, n'a pas une relation nécessaire avec le goût éclairé des objets de luxe.

M. Emile de Laveleye a cité toute une nomenclature d'auteurs célèbres dont les opinions sur le luxe sont, d'ailleurs, médiocrement concordantes. Au hasard de leur humeur ou du fil de leur ouvrage, ils le louent ou le blâment. Parmi les apologistes constants, il n'y a guère que La Fontaine, par d'assez mauvaises raisons :

Je ne sais d'homme nécessaire

Que celui dont le luxe épand beaucoup de bien.

Nous en usons, Dieu sait ! Notre plaisir occupe

L'artisan, le vendeur…

Parmi les critiques constants, on trouve Rousseau, avec des raisons qui ne valent pas mieux : « Il faut des liqueurs sur nos tables : voilà pourquoi le paysan ne boit que de l'eau. Il faut de la poudre à nos perruques : voilà pourquoi tant de personnes n'ont pas de pain. » Dans cette voie on pourrait multiplier les exemples pittoresques, et le philosophe qui donnait à Voltaire le goût de marcher à quatre pattes conclut : « S'il n'y avait point de luxe, il n'y aurait pas de pauvres. »

Alternativement antagonistes et panégyristes du luxe sont Voltaire, qui se contredit presque toujours, et Montesquieu, dont la gravité n'est pas toujours ennemie de l'incohérence. Voltaire loue le luxe en petits vers dans *le Mondain* et le condamne en prose :

Sachez surtout que le luxe enrichit

Un grand Etat s'il en perd un petit :

Le pauvre y vit des vanités des grands.

En prose grave, le philosophe de Ferney prend sa revanche : « Le luxe est la suite, écrit-il, non du droit de propriété, mais des mauvaises lois. Ce sont donc les mauvaises lois qui font naître le luxe, et ce sont les bonnes qui peuvent le détruire. » M. de Laveleye applaudit à ce singulier aphorisme.

Pour le luxe et l'une de ses formes les plus caractéristiques, les modes, Montesquieu écrit : « Les modes sont un objet important. A force de se rendre l'esprit frivole, on augmente sans cesse les branches de son commerce. » Contre le luxe il s'exprime ainsi : « Si les richesses sont également partagées, il n'y aura pas de luxe ; car il n'est fondé que sur les commodités qu'on se donne par le travail des autres. » Il n'est pas nécessaire d'être le premier publiciste de son siècle et l'un des premiers de tous les temps pour découvrir que, si les richesses étaient également partagées, il n'y aurait plus de luxe. Mais ce partage égal des richesses est-il possible ? est-il même désirable ? et la grande masse des hommes ne gagne-t-elle pas beaucoup elle-même en confortable à l'inégalité des richesses, qui est le plus énergique des stimulants de la production ? Voilà une question plus sérieuse.

Si nous étalons ainsi les incohérences de ces grands esprits, ce n'est pas pour faire preuve d'une érudition qui, d'ailleurs, n'est pas nôtre, ni pour le plaisir de surprendre en contradictions flagrantes des intelligences fortes et étendues : c'est qu'une pensée aussi inexacte qu'elle est superficielle inspire toutes ces remarques. C'est l'idée que les superfluités du luxe chez les riches sont acquises aux dépens des nécessités du pauvre. Si l'on ne faisait pas de souliers fins, tout le monde pourrait avoir de bonnes chaussures : tous les hommes, chez les peuples civilisés, sont arrivés à ce dernier résultat, sans que la fabrication des bottines fines pour hommes et pour femmes ait le moins du monde diminué. Si, au lieu d'un milliard ou deux d'objets de luxe, on faisait un milliard ou deux d'objets communs et utiles, le monde n'en irait-il pas mieux ?

La question ne peut être ainsi posée. La conception de l'activité sociale, qui est au fond de ce raisonnement, se trouve complètement fausse. On considère l'activité sociale comme un tout une fois fixé : si l'on y dérobe 500.000 journées pour des superfluités, ces 500.000 journées manquent pour les nécessités. Cette conception est arbitraire. Il faut se demander si la capacité productive de l'homme, sa force d'invention, son énergie au travail, le progrès des arts et des sciences, n'ont pas été et ne sont pas entretenus et développés par la recherche constante d'une vie plus embellie, de besoins plus diversifiés ; si une société qui ne maudit pas et ne proscrit pas le luxe n'a pas, même pour les objets communs, une force productive infiniment plus grande qu'une société qui maudit et proscrit le luxe.

Il faut rechercher si le goût même de la nouveauté et du changement, qui caractérise le luxe, ne contribue pas à tenir l'esprit général d'une société plus en éveil, plus porté aux améliorations industrielles, aux découvertes, aux perfectionnements ; si, au contraire, une société rivée toujours au même genre de vie monotone, insipide, serait aussi productive, même en ce qui concerne l'agriculture et les arts communs, qu'une autre sollicitée à l'activité incessante par des habitudes de luxe.

Alors on s'apercevrait sans doute que, contrairement au mot de Rousseau : « S'il n'y avait pas de luxe, il n'y aurait pas de pauvres », les superfluités du luxe ne sont pas acquises aux dépens des nécessités du pauvre. Citant et approuvant le mot de Rousseau, Emile de Laveleye ajoute :

« Visitez les contrées alpestres de la Suisse ou les vallées de la Norvège, et vous verrez que Montesquieu et Rousseau n'avaient pas tort. » S'il avait été un peu plus versé dans les statistiques, Laveleye aurait vu que la Norvège est précisément l'un des pays où l'indigence est proportionnellement le plus répandue.

Pour juger cette question si importante au point de vue économique, il est bon de jeter un coup d'œil sur l'évolution historique des consommations privées.

II

Les progrès industriels et le développement de la richesse générale font peu à peu tomber dans l'usage commun une quantité de marchandises qui, autrefois, étaient regardées comme de grand luxe. A s'en tenir à l'alimentation, le sucre jadis était du luxe, et les épiées et le café, et, dans la partie du pays qui n'en produisait pas, le vin. Les verres à vitre ont longtemps passé pour du luxe ; pendant plus longtemps encore les glaces et les rideaux de fenêtre, et les tapis. Une montre et une pendule étaient des objets de luxe de premier ordre, jusqu'à ce qu'on fût arrivé à en fabriquer pour 40 à 50 francs d'abord, puis pour 5 à 10 francs. Dans le vêtement, les chemises, les bas, les chaussures, les mouchoirs (encore du temps de Montaigne), les rubans, les dentelles, ont été regardés comme superfluités dont l'homme et la femme, vivant suivant la loi de nature, devaient se passer. Au XVIIIe siècle, à Londres, l'usage d'un parapluie était encore une preuve d'effémination, et nombre de gens en été croient devoir exposer leur nuque au soleil, même aujourd'hui, pour ne pas recourir à une ombrelle, dont le salutaire usage, cependant, commence à se répandre de plus en plus. Dans l'organisation de la demeure, une salle à manger distincte de la cuisine, un salon distinct de la salle à manger, un cabinet distinct de la chambre à coucher, une salle de bains et d'hydrothérapie, et jusqu'à ce retrait décent, aéré, pourvu d'eau pour les besoins naturels, ont été déclarés des inutilités et passent encore pour l'être auprès de certaines gens. Cependant, l'usage aujourd'hui très répandu de ces superfluités d'autrefois ou de ces pratiques jadis traitées de luxueuses a singulièrement contribué à accroître la vie moyenne, à écarter ou prévenir les épidémies, et à rendre certains quartiers des grandes villes beaucoup plus sains que nombre de villages ou de fermes en pleine campagne.

Les frontières du luxe vont sans cesse en reculant, et c'est un grand bonheur. Le luxe d'autrefois devient sinon le nécessaire d'aujourd'hui, du moins une jouissance, soit inoffensive, soit utile, à la portée d'un grand nombre d'hommes.

Qu'il ait ainsi sa racine soit dans la sensualité et dans la vanité, comme l'affirment ses critiques, soit dans le goût de l'idéal, le luxe, pourvu qu'il ne viole pas la nature, a pour instrument de propagation l'instinct d'imitation de l'homme, le désir de se conformer aux habitudes des gens les plus haut placés, puis aux sentiments et aux mœurs qui prévalent dans la communauté. Ainsi, les objets de luxe deviennent peu à peu des objets de convenance, les *luxuries*, pour parler comme les Anglais, se transforment en *decencies*.

Il est rare que les vieillards n'appellent pas luxe toute nouvelle mode, tout objet dont leur enfance ou leur maturité ignorait l'usage. Dans la *Puissance des Ténèbres* de Tolstoï, un vidangeur, type de l'homme honnête et chrétien, considère comme une preuve d'effémination que l'on établisse des cabinets publics de commodité.

Le caractère d'une consommation doit être jugé, non d'après un certain type que l'on se fait de la nature humaine en général, suivant la méthode de Rousseau et de Tolstoï, son disciple, mais d'après les diverses circonstances de lieu, de climat, de profession et de milieu.

Il y a un luxe sain, intelligent, et un luxe malsain, extravagant. Sans que l'on puisse dresser une nomenclature, qui serait naturellement incomplète et trop absolue, de l'une et de l'autre catégorie, le luxe est sain chez les esprits sains, et il est morbide chez les esprits maladifs, portés à l'extravagance.

Le luxe est condamnable quand il emprisonne l'homme dans les superfluités matérielles et ne lui laisse aucun goût aux joies délicates et aux plaisirs intellectuels, quand il sacrifie les besoins essentiels à des jouissances conventionnelles. Encore, même à ce point de vue, la distinction est-elle difficile à établir avec netteté dans la pratique. Si celui qui boit plus d'eau-de-vie que de vin et qui consomme plus en tabac qu'en viande peut être considéré comme sacrifiant les nécessités aux superfluités, on ne peut dire que les gens qui s'infligent des privations sur leur nourriture afin d'avoir des vêtements décents pèchent toujours contre le bon sens : outre que c'est un hommage rendu à l'idéal, ce peut être là une appréciation très juste des convenances de la vie et des moyens de sauvegarder ou de gagner une position.

On a parfois divisé en trois périodes l'évolution du luxe : le luxe des temps primitifs, aussi bien des sociétés patriarcales, qu'a fort bien décrites Adam Smith, que de celles du commencement du moyen âge ; le luxe des peuples florissants et prospères, qui est celui des temps modernes ; en dernier lieu, le luxe des peuples en décadence, les anciens Romains, les Orientaux. Il faudrait comprendre dans la même catégorie le luxe des classes sociales en décadence, comme de certains milieux aristocratiques ou de fils dégénérés de la riche bourgeoisie.

Le luxe des temps primitifs est très simple ; il consiste surtout dans le groupement autour de l'homme riche, qui est en même temps généralement un homme de haute naissance, d'un très grand nombre de serviteurs entretenus par lui, et dans la pratique très large de l'hospitalité. Chez les peuples patriarcaux, il y a une assez grande ressemblance de vie matérielle en général entre les hommes de diverses situations. La nourriture, les vêtements, l'ameublement même, diffèrent peu.

L'homme riche nourrit de nombreux domestiques, une clientèle étendue ; il a table ouverte. Ce train d'existence, à la fois très large et très simple, lui donne un caractère d'affabilité, de bienveillance, de générosité.

Les objets de luxe proprement dits sont alors très limités. Quelques vêtements lins, mais surtout de très belles armes, de très beaux chevaux, de très riches harnachements. Sous son apparence débonnaire et familière, ce luxe patriarcal a de très grands inconvénients qui se retrouvent beaucoup moins dans le luxe moderne : il crée et maintient des légions de parasites et de fainéants. Tout ce monde de serviteurs et de clients ne travaille guère et est entretenu, sans services correspondants, par le travail d'autrui.

En Orient, ce luxe est très répandu, aux Indes toute personne aisée a un nombre notable de domestiques, dont chacun est chargé d'une tâche précise, très limitée, insuffisante pour occuper sa journée. On retrouve ces habitudes chez les Arabes. Elles régnaient encore, quoique atténuées, en Europe au moyen âge et au commencement des temps modernes. Encore sous Jacques Ier un ambassadeur avait une suite de 500 personnes dont 300 nobles. « Tout marquis veut avoir des pages. » Les maisons des grands sont des palais, non seulement par le caractère architectural et la décoration, mais par le nombre d'appartements ou de chambres pour « les domestiques » de tout ordre. On sait que, dans la langue et la littérature du XVIIe siècle encore, le mot « domestique » est pris dans un sens étendu qui signifie client et dépendant. Au siècle dernier le duc d'Albe, dans son palais de Madrid, avait 400 chambres de « domestiques » ; les neveux de ses serviteurs et leurs familles demeuraient souvent dans le palais et étaient pensionnés. On trouve dans *Gil Blas* des descriptions qui relatent cet état de choses. On voit encore aujourd'hui à Madrid, non loin du palais des Cortès, le palais du duc de Medina-Cudi, immense et banal caravansérail, fait pour loger toute une population de serviteurs ou de dépendants. Avant l'incendie de 1812 ; à Moscou certains palais contenaient jusqu'à 1 000 chambres de domestiques ; on regardait comme pauvres les nobles qui n'entretenaient que 20 ou 30 de ces derniers. Les romans de Tolstoï font revivre en partie ces anciennes mœurs. Le train énorme des seigneurs polonais était proverbial. De même aux Antilles, autrefois, sous l'esclavage. A la Jamaïque les personnes ne possédant que

7 nègres étaient exemptées de la taxe sur les esclaves. On ne savait pas alors recourir à des services communs : chaque grand seigneur avait son médecin, son barbier, son aumônier, ses musiciens, ses gens de lettres, qu'il traînait avec lui.

Ce luxe primitif, quoiqu'il jouisse des sympathies et des regrets de beaucoup de gens, est absurde : il n'amène aucun raffinement dans la vie, il est fastidieux, il ne flatte que l'amour-propre, il soustrait à la production, prive de l'indépendance journalière et jette dans la fainéantise et les vices énormément de gens. Il y avait, sans doute, relativement à la population, plus de domestiques inutiles, au dernier siècle ou dans l'avant-dernier siècle, en Angleterre qu'aujourd'hui ; à coup sûr, chaque homme riche en avait un bien plus grand nombre. Faut-il rappeler que, pendant le XVIIIe siècle, en France, chaque homme du monde, même peu aisé, avait un laquais : il devait l'amener avec lui, quand il allait dîner en ville, et c'était son laquais qui le servait, refusant de rien passer à un autre maître que le sien. Ce fait est attesté par une foule de correspondances du temps. Autour d'une table de 20 à 25 personnes, il y avait ainsi, au XVIIIe siècle, trois ou quatre fois plus de laquais qu'il ne s'y en trouve, dans les maisons riches, aujourd'hui.

L'autre grand luxe des temps primitifs, ce sont les énormes festins, dont la quantité, beaucoup plus que la qualité, est le trait caractéristique. Les mots y sont, en général, vulgaires, de même les boissons ; mais les uns et les autres se représentent constamment sous toutes les formes, et remplissent la journée ou la nuit. Les repas à la Gargantua, les noces de Gamache, où des amoncellements de victuailles disparaissent dans les estomacs infatigables de convives grossiers qui, parfois, comme chez les Arabes, doivent manifester leur contentement par une éructation fréquente, appartiennent à cette période de luxe. Un économiste allemand, d'une rare et sûre érudition, Roscher, fait le récit d'une de ces fêtes pantagruéliques qu'offre l'histoire : lors du mariage de Guillaume d'Orange en 1561, le fiancé hébergea une quantité d'hôtes, dont on ne nous donne pas le nombre, mais qui avaient avec eux 5647 chevaux. On y consomma 4000 boisseaux de froment, 8000 de seigle, 13000 d'avoine, 3600 muids (*Eimer*) de vin, 1600 barils de bière. Une ordonnance de 1610, relative au mariage à Munden (*Mundensche Hochzeitsordnung*), dispose qu'un grand mariage ne doit pas comprendre plus de 24 tables, ni un moyen plus de 14 tables de dix personnes chacune.

Tout le luxe que nous venons de décrire appartient à la grande période aristocratique. Suivant la très fine remarque d'Adam Smith, quand, au lieu de nourrir un grand nombre de serviteurs et de subvenir à une infinité de clients, on fait des commandes aux ouvriers du dehors, la période aristocratique commence ; c'est ce qui caractérise le luxe moderne. Pour la dignité humaine, l'emploi productif de la vie et le progrès des arts, ce nouveau luxe vaut mieux.

Dans ces temps aristocratiques, il était moins facile de se ruiner, et les fortunes avaient plus de stabilité. Pour qu'un particulier se ruine, il faut que son capital fixe soit transformé en capital circulant ; les occasions de cette transformation étaient moindres autrefois.

Le luxe des temps primitifs était plutôt occasionnel que permanent ; il ne pénètre pas, comme plus tard, tout le tissu de la vie. L'équivalent pour le peuple des grands repas et des fêtes pantagruéliques des grands, c'étaient les kermesses, le carnaval. La sobriété si vantée et parfois forcée de ces âges incultes était interrompue par des débauches périodiques. Tout ce qui représente ce que les Anglais appellent les *decencies* et le confortable se trouvait négligé : en dehors des objets d'église, des armes, parfois de la vaisselle à boire, il n'y avait guère d'objets finement travaillés. On a des comptes rendus d'inspections de domaines appartenant à Charlemagne : on y constate qu'en fait de linge il ne s'y trouvait que deux draps de lit, une serviette et une nappe de table. La mode pour les vêtements et pour les meubles est dans ces temps primitifs très constante, comme aujourd'hui encore chez les peuples orientaux. La vie quotidienne individuelle était dépourvue de toute élégance et de toute variété. Les fonctionnaires comme les ouvriers ne recevaient que de très petits traitements ; des sommes énormes se dépensaient en fêtes, soit privées, soit publiques. Au XVIe siècle, le premier ministre de Hanovre n'avait, en dehors de quelques fournitures de vêtements, que 200 thalers de traitement, et un gentilhomme dépensait, dans ce même temps, pour ses noces, 5 600 thalers.

Les églises et les municipalités introduisirent le luxe varié des vêtements et du mobilier. Les vitraux firent leur apparition en 1180, dans les églises d'Angleterre, et en 1567 les vitres étaient encore si rares dans le pays, que dans les maisons de campagne des nobles, on les enlevait pendant l'absence des maîtres. Les belles étoffes, les meubles fouillés, l'argenterie finement travaillée, en dehors de celle servant à boire, apparaissent dans les cathédrales d'abord, puis dans les hôtels de ville des riches cités flamandes, allemandes, italiennes. L'ancien luxe chevaleresque se modifie, et il se constitue un luxe haut bourgeois. Mais pendant des siècles, c'est le goût de la magnificence et de l'ostentation qui prédomine sur celui du confortable. Le Camp du drap d'or est resté célèbre par cet étalage de richesse. Cependant, l'existence quotidienne, même des grands, restait mesquine. On rapporte qu'au XVe siècle, la femme de Charles VII était la seule Française à posséder deux chemises de toile. Au XVIe siècle, il advenait encore qu'une princesse fît cadeau de quelques chemises à un prince. A la même époque, la bourgeoisie allemande, florissante cependant, couchait nue.

Ainsi, dans ces temps primitifs, il n'y avait aucun luxe en vue de la jouissance intime et individuelle et en dehors de l'ostentation. C'est un préjugé répandu que le propre du temps présent est d'aimer à paraître ; cela était cent fois plus vrai des temps passés.

Le luxe, trop vanté, des temps primitifs, comportant un très grand train de maison, sans aucun raffinement ni confortable, avec le nombre prodigieux de domestiques, de dépendants, de clients, de parasites, avec l'hospitalité abondante et sans discernement, les énormes festins, entraînait un vaste gaspillage ; de produits et l'inutilisation d'une grande quantité de forces humaines. Il n'y a là aucun exemple à suivre.

III

Tout autre est le luxe des peuples civilisés, intelligents, judicieux et prospères. Il est plus tourné vers le confortable ou l'élégance et les jouissances artistiques que vers la magnificence et la somptuosité. Il embrasse et pénètre toute la vie, il s'étend à des degrés différents sur toutes les classes du peuple ; il se signale par l'usage de marchandises infiniment plus variées, et, pour chacune d'elles, par un nombre de plus en plus considérable de qualités. Le luxe des temps industriels et florissants, où la production de la richesse dépasse d'une manière constante les nécessités de la vie, prend une direction plus naturelle. Il s'accommode aux habitudes démocratiques qu'il a contribué à introduire. Au lieu de s'encombrer d'un grand nombre de domestiques, de clients et de parasites, on n'a autour de soi que le nombre de gens nécessaires pour un bon et prompt service ; en revanche on commande à des ouvriers et à des artisans du dehors, indépendants, des objets coûteux : ces hommes habiles forment bientôt une classe honorée, celle des artistes. On abandonne les distinctions extérieures, les perruques, la poudre aux cheveux, de même que les vastes installations permanentes : les églises particulières, les théâtres particuliers, les manèges particuliers ; on renonce aux coûteux jardins à la française ou à l'italienne, avec d'énormes pièces d'eau artificielles, des rochers et des ruines factices ; non seulement on n'entretient plus auprès de soi des nains et des bouffons, mais on se garde même d'attacher constamment à sa personne des hommes d'une profession utile pour un service intermittent. On n'a plus son barbier, son médecin, son aumônier à demeure. Il n'y a que les gens arriérés ou dans des circonstances spéciales qui aient chez eux un précepteur pour leurs enfants.

Le luxe de ces temps prospères et démocratiques pénètre, par des gradations multipliées et infinies, toutes les classes du peuple ; puis, se composant d'objets durables, d'arrangements permanents, il accompagne tout l'ensemble de la vie. Ce qui le caractérise, c'est la variété et l'élégance des objets nécessaires ou habituels. La propagation de ce luxe dans toutes les couches de la population est aidée par les connaissances techniques qui permettent la substitution d'une matière moins coûteuse à une qui l'est davantage ; on peut ainsi mettre à la disposition des personnes d'une aisance modeste bien des objets réservés autrefois aux classes supérieures : ainsi le plaqué, le ruolz, remplacent l'argent ; la galvanoplastie, la ciselure ; la lithographie, la photographie, tiennent lieu de la gravure ou de la peinture ; les papiers peints, inventés en France vers 1760, font l'office de tapisseries. Les étoffes mi-partie de coton et de soie ou de déchets de soie donnent l'illusion de soieries ; le tulle et la gaze, de dentelles. Des matières nouvelles, le nickel, l'aluminium, facilitent la possession de montres, de pendules, d'objets divers d'une apparence élégante et peu coûteuse. Le perfectionnement des arts mécaniques y aide. Tout s'imite, même les perles, les diamants.

Ce genre de luxe qui consiste à varier la vie, à la décorer et l'embellir, à pousser l'homme au soin de sa demeure et de sa personne, n'a en soi rien d'immoral. Il a de bons usages économiques et domestiques. Il pousse aussi à un genre d'épargne : tel qui n'aurait pas épargné pour ses vieux jours le fait pour acheter une montre en or, ou une chaîne, ou un mobilier décent.

Le goût de la variété est l'un des traits caractéristiques du luxe des peuples industriels et prospères. La variété dans la nourriture, dans le vêtement, l'ameublement, même dans les distractions, est un excellent stimulant à l'industrie, un obstacle à l'engourdissement de l'esprit de l'homme. C'est en même temps un des besoins les plus vifs de la nature humaine, un des charmes licites de la vie.

On ne saurait croire combien cette variété manquait aux peuples il y a quelques siècles. La si vivante description que fait Macaulay des mœurs des Anglais du temps de la Révolution témoigne que, à la fin du XVIIe siècle, chez ce peuple déjà riche, l'usage de la viande fraîche n'était habituel qu'une ou deux fois la semaine. Le seigle a été pendant longtemps la céréale la plus répandue en Europe. Sur les biens de l'évêque d'Osnabruck, au XIIIe siècle, on ne produisait que 11 à 12 mesures de froment, contre 300 de seigle, 120 d'orge et 470 d'avoine. La bière au début du moyen âge était faite avec ce dernier grain. Aujourd'hui encore la répartition de la production entre les différentes céréales est tout autre en France, pays riche, et en Allemagne, pays qui ne fait que de commencer à s'enrichir, au sens moderne du mot. La superficie cultivée en seigle était en Allemagne en 1891 de 5 479 977 hectares et celle en froment de 1885 284 seulement ; quant à la production, elle fut dans la même année de 47 828 040 quintaux métriques du premier contre 23 337 570 du second. En France, en 1892, les surfaces cultivées en froment étaient de 6 979 911 hectares ; celles en seigle, de 1 560 219, celles en méteil (mélange de blé et de seigle), de 295.247. Ainsi les hectares en froment sont chez nous plus que triples de ceux en seigle ou en méteil, tandis qu'en Allemagne ils sont le tiers de ceux en seigle. La production du froment dans cette année atteignait en France 84.837.320 quintaux métriques contre 17.558.313 pour le seigle et 3.364.908 pour le méteil. On produit chez nous quatre fois plus de froment que d'autres céréales destinées à l'homme, en Allemagne moitié moins de froment que de ces dernières.

Ce n'est pas seulement la qualité, c'est la diversité de la nourriture qui caractérise les temps industriels et florissants ; cette dernière, comme l'autre, a été une conséquence du raffinement ou du luxe. Nombre de légumes ou de fruits aujourd'hui vulgaires et réputés indispensables sont connus depuis peu. En 1660, les Anglais ignoraient les artichauts, différentes sortes de pois, la plupart des salades, les asperges. Ils ne connaissaient à peu près que les Heurs des champs. Sous Henri IV, en France, le sucre se vendait à l'once, chez les pharmaciens ; de même le thé, jusque vers le milieu de ce siècle, du moins dans les petites villes de province. L'accroissement de la consommation de ces deux denrées est un des signes du développement de l'aisance dans les pays anglo-saxons : en 1734 on consommait en Angleterre 10 livres de sucre par tête, en 1845 dans les îles-Britanniques 20 livres et demi, en 1865 34 livres, on 1880 environ 55 à 60, et le progrès continue.

C'est surtout sur le logement, l'ameublement, que se porte le luxe des peuples industriels et florissants. Il crée des installations permanentes qui rendent la vie plus douce ; il transforme la maison : d'un simple abri, il en fait une demeure, une résidence commode, agréable, diversifiée, animée par nombre d'objets intéressants.

Là surtout est l'inappréciable bienfait du luxe moderne, bien entendu. Les cheminées, c'est le luxe, qui les a construites et qui les a ornées. D'après une lettre que publiait le *Journal des Débats* en janvier 1888, les cheminées étaient encore ignorées à cette époque dans les campagnes de Croatie. C'est le luxe qui a divisé la demeure suivant les divers besoins et agréments auxquels (die doit pourvoir. Il en résulte une vie quotidienne plus décente, plus propre, plus indépendante pour chacun des membres d'une famille, plus hygiénique aussi. De haut l'exemple se répand dans toutes les couches sociales. La maison devient le centre des efforts d'embellissement de l'homme. Certaines mauvaises habitudes et certains vices y perdent ; chacun est d'avis que le jour où l'ouvrier aura un logement suffisamment ample, diversifié et paré, la vie de famille le retiendra davantage et le cabaret perdra de ses attraits. A la campagne aussi et chez le paysan, la maison cesse d'être une hutte à ras de terre, au sol battu et à une ou deux fenêtres.

Le luxe moderne, du moins celui qui n'est pas dépravé, consiste surtout en objets durables : bijoux, mobilier, objets d'art, collections ; c'est ce que l'on appelle parfois les capitaux de jouissance. Il est très supérieur au luxe qui se répand en objets passagers. Temple, au XVIIe siècle, faisait remarquer que le luxe hollandais offrait les traits que nous venons de décrire : il porte au développement des arts : qui n'admire ces riantes maisons d'Amsterdam, aux proportions commodes et modestes, embellies de tous ces chefs-d'œuvre des peintres de genre, d'animaux ou de paysages, ces élégantes maisons de campagne, sans ostentation, avec leurs cultures perfectionnées de fruits et de fleurs, que gâta seulement un instant l'agiotage sur les tulipes ?

S'il se porte avec amour sur la construction, l'aménagement, la décoration de la demeure, le luxe des peuples industriels et florissants est plus sobre pour le vêtement. Un de ses caractères, c'est d'être compatible avec l'égalité civile, la fraternité des rapports sociaux, de ne les choquer en rien. La toilette des hommes en témoigne. On ne voit plus d'hommes qui, suivant le mot de Henri IV, « portent leurs moulins et leurs bois de haute futaie sur le dos. » Les dentelles, comme manchettes et jabots, autrefois habituelles à la simple bourgeoisie, sont depuis longtemps abandonnées par les hommes, sans espoir de retour. Que, dans une réunion, on considère 200 ou 300 hommes assemblés, des couches les plus élevées jusqu'aux plus modestes de celles où l'on trouve une certaine éducation, il sera impossible à la simple inspection de leur extérieur de découvrir lesquels sont riches.

Il n'en est pas ainsi pour les femmes, il est vrai ; mais il n'est nullement prouvé que la plupart de celles qui ont de la richesse dépensent plus aujourd'hui en toilette que ne le faisaient celles de même situation de fortune pendant les trois ou quatre derniers siècles. On se lamente de ce que les femmes de chambre veulent être vêtues comme leurs maîtresses, les servantes de campagne comme les fermières, celles-ci comme les femmes de bons propriétaires. Il peut y avoir de l'exagération chez certaines ; cependant presque tout ce monde, servantes, fermières, épargne ; un peu de luxe dans leur vie n'est pas un si grand mal.

Grâce à toutes ces nuances de luxe qui se répercutent, en s'affaiblissant, d'une couche sociale à l'autre, la différence entre la vie des hommes des diverses classes est beaucoup moindre d'après les jouissances réelles qu'ils peuvent se procurer que d'après les valeurs qu'ils possèdent.

Le luxe extérieur tend à se restreindre ; on n'a plus de carrosses dorés ; on en emploie beaucoup moins à huit ressorts ; les valets se tenant debout derrière la voiture de leurs maîtres ne se retrouvent plus que chez les ambassadeurs. Les voitures simples dont on se sert, quelles que soient leur élégance, qui consiste surtout dans leur forme, et la beauté des chevaux, que ne relève aucune magnificence de harnais, sont autrement démocratiques que les anciennes chaises à porteurs auxquelles ne dédaignaient pas de recourir les philosophes à maximes austères du dernier siècle.

Tout luxe judicieux constitue une sorte de réserve pour les circonstances imprévues et les temps de nécessité. Cela est vrai pour toutes les classes de la nation et pour l'ensemble de la nation elle-même. Les bijoux, les jolis meubles, les tapisseries, les tableaux, les objets de collection se peuvent vendre aux heures d'infortune, souvent sans perte. Dans les classes populaires même, la montre, la chaîne, la pendule, les menus bijoux, peuvent aussi procurer, aux jours de détresse et de maladie, quelques ressources qui, si faibles soient-elles, n'eussent probablement pas existé autrement.

IV

Le luxe qui vient d'être décrit, non seulement n'est ni immoral, ni nuisible, mais il est légitime, recommandable et utile, sous la réserve qu'une part convenable soit faite dans le revenu à la prévoyance et à l'épargne.

Tout autre est le luxe du temps de décadence et des couches décadentes, car il peut y avoir dans un pays encore généralement sain certaines couches sociales morbides. Ce luxe prend un caractère immoral et inintelligent, quand, au lieu de répondre à des besoins naturels et normaux, physiques ou intellectuels, il consiste uniquement dans la recherche des plaisirs et des objets très coûteux, par la seule considération qu'ils sont coûteux, dans le gaspillage systématique, dans la satisfaction unique de la vanité à outrance. Grotesque alors et parfois criminel est ce luxe.

Ce sont les Romains, sous l'Empire, certains souverains orientaux aussi, qui ont donné les exemples les plus démonstratifs et les plus fameux de cette condamnable et méprisable corruption du luxe. Deux citations latines le caractérisent, l'une de Suétone à propos de l'empereur Caligula : *Nihil tam efficere concupiscebat, quam quod posse effici negaretur* ; il n'y a rien qu'il désirât avec tant d'ardeur que ce qui paraissait impossible ; l'autre de Sénèque : *Hoc est luxuriæ proposition, gaudere perversis* ; les désirs contre nature sont le principal attrait du luxe, et plus exactement peut-être de la débauche ; car le mot *luxuria* a, en latin, un sens beaucoup plus étendu que notre mot luxe.

Les Romains de l'Empire pratiquaient en tout ce détestable abus du luxe : dans leurs demeures, c'étaient des immensités de constructions, de dérivations extravagantes de cours d'eau ; dans leur service, c'étaient des troupes d'esclaves, à lâches insignifiantes, accompagnant partout leur maître et comptant jusqu'à ses pas quand il se promenait pour lui mesurer la durée de l'exercice, Auguste, avant l'ère de l'apogée de ce luxe dépravé, défendait aux bannis d'emmener plus de trente esclaves avec eux. Non moins excessif était le luxe de l'habillement : on allait jusqu'à changer onze fois de vêtements à table, et l'on vit dans les champs des troupeaux de moutons teints en pourpre. Mais c'était surtout la table qui était l'objet de raffinements inouïs et sans aucun rapport avec la satisfaction du goût : on combinait les plats les plus bizarres et les plus coûteux, sans autre recherche que celle d'une dépense énorme. Héliogabale nourrissait les officiers de son palais d'entrailles de barbeaux, de cervelles de faisans et de grives, d'œufs de perdrix et de têtes de perroquets. Des vaisseaux couraient les mers pour pécher des poissons rares dont on extrayait soit la laitance, soit toute autre menue partie, afin d'en composer un plat d'un prix énorme. L'acteur Claudrus Æsopus, avec une vanité de cabotin riche, offrait à ses convives un salmis de langues d'oiseaux qu'on avait dressés à parler. La perle de Cléopâtre qu'elle faisait dissoudre pour l'avaler est restée célèbre.

Dans le train vulgaire de la vie des grands ou des enrichis, ces perversités du goût se rencontraient. Hortensius arrosait des arbres avec du vin. Sur certains points ce luxe de décadence se rapproche du luxe des peuples primitifs, avec cette différence que le premier est continu et le second intermittent. Des voyageurs récents, en Russie racontent avoir reçu l'hospitalité de riches marchands qui voulaient, avant le diner, leur faire laver les mains avec du vin de Champagne.

Ce genre de luxe est dégradant, nuisible, inavouable, ce sont des pratiques contre nature, une sorte de gageure de réaliser l'impossible, sans qu'il y ait une correspondance quelconque entre les efforts dépensés et les besoins soit de la nature physique, soit de la nature intellectuelle de l'homme.

Le monde moderne offre peu d'exemples de ce genre ; les classes ne sont pas suffisamment tranchées dans la population, les richesses individuelles, sauf quatre ou cinq exceptions dans le monde civilisé tout entier, n'atteignent pas assez d'importance, les goûts ne sont pas assez pervertis, pour qu'on puisse faire une aussi grande place aux fantaisies morbides dans les consommations. Il y a, cependant, depuis quelques années, dans certaines couches sociales, celles qui font profession de dilettantisme et d'esprit décadent, qui jouissent oisivement de larges fortunes, quelque disposition, non pas à imiter les monstruosités qui précèdent, mais à abuser des futilités toutes passagères, à rechercher uniquement les choses coûteuses par la raison qu'elles coûtent beaucoup et non qu'elles sont bonnes en elles-mêmes. Au lieu de se répandre en élégances durables, en ornements de bon goût, en collections, en objets d'art, en perfectionnements des objets agréables que fournit la nature, fleurs, chevaux, avec un discernement intelligent, certaines couches sociales, ou plutôt certaines coteries sociales et certaines individualités recherchent la dépense pour la dépense, croiraient indigne d'eux, par exemple, d'offrir quelque cadeau qui durât, de parer leurs appartenons ou leurs personnes d'objets qui ne fussent pas fugitifs. Tout en restant à une énorme distance des Romains de l'Empire, ces dilettantes du luxe décadent, alors même qu'ils ne seraient pus des dissipateurs, c'est-à-dire qu'ils n'épuiseraient pas leur patrimoine, n'en feraient pas moins des actes socialement et économiquement détestables.

Ce n'est pas par ces excentricités, rares chez les peuples modernes, que l'on doit juger le luxe. Il nous est impossible, quant à nous, de le maudire. Le luxe, considéré en général et malgré ses abus, est un des principaux agents du progrès humain. L'humanité doit lui être reconnaissante de presque tout ce qui aujourd'hui décore et embellit la vie, d'une grande partie même des améliorations qui assainissent l'existence. Le luxe est le père des arts. Ni la sculpture, ni la peinture, ni la musique, ni leurs accompagnements populaires, la gravure, la lithographie, n'auraient pu prendre de grands développements et se répandre dans une société qui aurait déclaré la guerre au luxe.

Sans doute, il y a une sorte d'usage grossier, insolent et absurde du luxe : c'est celui qui ne cherche qu'à éblouir fastueusement la foule et même à l'humilier. La morale condamne cette sorte de triomphe impertinent et lâche de la richesse sur la médiocrité qui l'environne. Le luxe de simple ostentation, comme un grand étalage de valets inutiles, mérite les sévérités de l'opinion publique. Mais cette catégorie de luxe va, en général, en diminuant. La consommation déréglée de richesses et d'efforts humains que faisaient les Romains de la décadence, les excentricités fastueuses que l'opinion publique châtie chez quelques parvenus ou fils de parvenus, qui rappellent les fils d'affranchis de l'ancienne Rome, ces dérèglements effrontés du luxe se font plus rares de notre temps. Le luxe se montre moins au dehors et sur les places publiques ; il se contient, il se renferme dans l'intérieur, il se fait plus discret, il a une sorte de pudeur qui lui défend, en s'étalant brutalement au grand jour, de choquer ceux qui ne peuvent en jouir. Il ne sépare pas les diverses classes humaines ; il comporte l'hospitalité, les relations cordiales sans hauteur ou arrogance ; il va souvent de pair avec l'épargne ; il ne supprime pas les sentiments de sympathie, ni les œuvres de charité pour les malheureux. Ce luxe de bon goût et de bon sens, il est impossible à un homme judicieux de le condamner.

V

Beaucoup d'économistes, dans leur sévérité à l'endroit du luxe, se sont livrés à des arguments très inexacts et ont commis des erreurs économiques grossières.

Voici la principale de ces erreurs, de beaucoup la plus répandue.

On s'imagine, comme Rousseau et Montesquieu, dans les passages reproduits au débat de cet article, que, si le luxe n'existait pas, la société serait beaucoup mieux pourvue d'objets utiles. Si l'on ne consommait pas, dit-on, pour un milliard de francs d'objets de luxe, on pourrait avoir pour un milliard de plus de blé ou de pommes de terre, ou de vêtements communs. Si quelques-uns n'étaient pas trop riches, personne ne serait pauvre. Ce raisonnement est inexact pour deux raisons :

1) Un milliard de francs d'objets de luxe ne correspond nullement, comme on se l'imagine, à la somme de travail et de forces humaines qu'exigerait un milliard de francs de pommes de terre ou de blé, ou de vêtements et de mobiliers grossiers. Il y a là une conception tout à fait fausse. Ce que le luxe paie d'une façon si large, en général, ce n'est pas la quantité de la marchandise, ni la quantité du travail, c'est la qualité de la marchandise et du travail. L'hectare de Château-Yquem ou de Château-Margaux, qui produit 15 à 20 hectolitres de vin de choix, se vendant 500 à 600 francs l'hectolitre à la récolte, et qui donne ainsi un revenu brut de 7500 à 12000 francs, ne pourrait pas, y consacrât-on le même nombre de journées, produire pour une somme égale de vin commun, soit 600 à 700 hectolitres ; en abandonnant la production de vins délicats pour se livrer à celle de vins grossiers, on obtiendrait peut-être, quels que fussent les vins, 60 à 70 hectolitres de liquide vulgaire là où l'on récolte aujourd'hui 15 ou 20 hectolitres de liquide de choix ; au lieu de cette valeur de 7500 à 12000 francs, on en aurait une de 1500 à 2000 francs.

Il en est de même pour les industries de luxe : un ouvrier joaillier ou graveur très habile gagne dans sa journée 15 ou 20 francs à produire des objets de luxe ; il ne faut pas croire que, si l'on supprimait ce genre de production, et que l'on mit cet homme à faire de la quincaillerie, il produirait une valeur d'objets communs égale à 15 ou 20 francs ; il ne pourrait sans doute en produire que pour 3, 4 ou 5 francs, déduction faite de la valeur des matières premières et des autres éléments et dont il faut tenir compte. De même encore, un de ces ouvriers ébénistes qui sont de vrais artistes, est rétribué aussi par un salaire d'une quinzaine ou d'une vingtaine de francs pour faire des meubles sculptés : mettez-le à faire des meubles ordinaires, il n'en fera pas une quantité qui corresponde à la somme qu'il gagnait. Il en est ainsi de la généralité des consommations de luxe. Ce que le luxe paie donc à un très haut prix, c'est la qualité du travail, le don spécial de l'ouvrier et de l'artiste ; mis à une autre besogne, cet ouvrier ou cet artiste ne produirait pas une quantité d'objets vulgaires, plus forte que celle que fabrique le plus ordinaire manœuvre. Aussi, est-ce une erreur de croire que, en supprimant une production de luxe d'un milliard, on pourrait obtenir pour un milliard de plus d'objets utiles à l'humanité. Cependant, cette erreur, si flagrante qu'elle soit, entre pour beaucoup dans l'hostilité contre le luxe.

On alléguera peut-être que certains ouvriers ou certaines ouvrières des industries de luxe sont peu payées, les dentellières, par exemple, et les brodeuses ; que, si ces femmes, au lieu de se consacrer à des objets superflus, s'employaient aux tâches vulgaires, au blanchiment, à la fabrication des tissus, au travail même de la terre, elles produiraient une valeur égale à colle qu'elles produisent actuellement, mais sous une forme qui profiterait plus à l'humanité. Ces cas sont, toutefois, exceptionnels : la grande légion des ouvriers de luxe, bijoutiers, joailliers, tapissiers, ciseleurs, graveurs, carrossiers en voitures riches, etc., sont très amplement rémunérés et ne fourniraient pas en travail vulgaire le tiers de la valeur qu'ils fournissent en travail élégant, en « travail qualifié », comme disent les Allemands. Supposons qu'il y ait en France 300000 ouvriers des industries de grand luxe qui gagnent tous ensemble un milliard de francs ; il est probable que si l'on mettait ces 300000 ouvriers au travail vulgaire, se rapprochant le plus du travail élégant qu'ils font actuellement, on n'aurait pas, de ce chef, une valeur de plus de 300 millions, au lieu de la valeur de 1 milliard que l'on a aujourd'hui. C'est donc une grande erreur de croire que la suppression des industries de luxe et leur remplacement par des industries communes produirait une valeur d'objets communs égale à la valeur des objets de luxe disparus ; probablement, cette valeur en articles communs ne serait, en supposant, ce qui ne se rencontrerait pas, toutes les autres circonstances semblables, que du tiers de la valeur des objets de luxe actuellement produits.

2) On peut admettre, sans doute, que matériellement et abstraction faite d'une considération que nous présenterons dans un instant, l'humanité, si elle voulait restreindre ses besoins au pain, à la viande, au vin commun, aux vêtements les plus ordinaires, aux logements très modestes et aux ustensiles les plus simples, pourrait se procurer une quantité plus considérable de ces catégories d'objets. Si tous les peintres, ciseleurs, tapissiers en articles riches, décorateurs, carrossiers de luxe, bijoutiers, joailliers, fabricants de meubles autres que les vulgaires, dentellières, brodeuses, etc., si tout ce monde retournait au travail de la terre, à celui de la filature et du tissage de coton, à la

bonneterie, etc., on obtiendrait une quantité plus ample de marchandises communes, les seules que certaines personnes considèrent comme essentielles à la vie.

L'opinion superficielle suppose qu'il en serait ainsi, mais ce n'est qu'une conjecture ; il n'y a aucune certitude que la suppression du luxe eût pour conséquence une plus grande abondance des objets communs. Un néglige ici de penser aux conséquences indirectes de cette profonde modification dans les désirs humains, dans la vie humaine elle-même, dans les mobiles qui portent l'homme à l'effort. On ne tient nul compte de l'influence déprimante, assoupissante qu'exercent sur l'activité de l'homme, sur son initiative, sur l'esprit même de recherche et d'invention, la monotonie et l'uniformité des occupations. Une société où tous les hommes exercent à peu près la même tache, vivant dans des conditions identiques, n'ont que des besoins limités, où aucun d'eux ne voit s'ouvrir devant lui des perspectives de vie brillante, différant de celle des autres, une semblable société finit par tomber en proie à l'inertie et à la routine. Son élasticité diminue, elle devient nécessairement à la longue une société stationnaire, puis une société rétrograde. Ce n'est pas un paradoxe de soutenir que la suppression du luxe aboutirait, avec le temps, à une diminution des objets même de consommation vulgaire.

L'action stimulatrice du luxe est incontestable ; elle s'exerce à tous les degrés de l'échelle sociale. Evidemment, ce n'est pas le seul ressort de l'activité humaine, ni même le principal ; il s'en faut heureusement de beaucoup ; mais c'en est un d'une incontestable importance ; et il n'y a pas trop de tout l'ensemble des ressorts divers pour arracher l'homme à l'inertie et à la paresse. Au plus haut degré de l'échelle, certains hommes, nous ne disons pas tous, s'imposent un surcroît de travail et de tension d'esprit pour avoir une demeure élégante, des jardins somptueux, un train de vie luxueux ; au milieu de l'échelle, nombre de gens s'imposent un surcroît de peine pour se procurer un jour le confortable, qui naguère était considéré comme du luxe et qu'il est encore souvent très difficile d'en distinguer, pour avoir ce qu'on appelle, dans un certain monde, une vie honorable, laquelle n'est pas exempte de décoration et de superflu ; au bas de l'échelle, beaucoup de personnes, hommes et femmes, s'infligent aussi une prolongation de labeur ou s'ingénient davantage pour se procurer certaines élégances secondaires, devenues vulgaires, mais qui n'en sont pas moins du luxe, en ce sens que leur profusion n'importe pas à la satisfaction des besoins rudimentaires de l'homme.

L'influence du luxe sur le progrès social et les arts, même pourrait-on dire sur le progrès scientifique et littéraire, ne peut guère être contesté. Les grandes époques, comme la Renaissance où l'esprit humain a pris le plus d'essor dans toutes les directions, ont été des époques de luxe ; on y a même commis beaucoup d'excès en ce genre ; mais mieux valait encore, pour l'avancement total de l'humanité, ces excès, si regrettables qu'ils aient été, qu'une vie insipide et morne où tous les hommes n'auraient strictement songé qu'à se mettre eux-mêmes et leur prochain à l'abri du besoin, au sens le plus restreint du mot.

Le progrès industriel s'accomplit parfois par les efforts d'individus remarquablement doués au point de vue de la volonté et de l'intelligence, mais qui sont sensibles à l'attrait des récompenses matérielles ; or, la plus certaine de ces récompenses, pour les nombreux esprits qui ne sont pas uniquement voués à l'idéal, c'est encore la richesse, et la richesse, pour beaucoup d'hommes, perdrait de sa valeur, si on les privait du luxe qu'elle peut comporter. Sans doute, parmi les inventeurs, parmi les grands entrepreneurs et les chefs d'usine, il est des hommes d'une nature réellement élevée, que la simple perspective des services qu'ils rendent à l'humanité et de la gloire ou de l'honneur qui en rejaillira sur leur nom suffit à soutenir dans leur incessant et pénible travail de recherches. Mais il est d'autres hommes énergiques, capables et ardents, utiles au progrès économique, qui sont guidés par un idéal moins noble et qui, soit eux-mêmes, soit leur entourage, sont plus sensibles à l'attrait du luxe qu'aux pures jouissances de l'esprit ou aux satisfactions d'un amour-propre élevé. Il importe, cependant, à l'ensemble de l'humanité, que ces hommes donnent en efforts tout ce qu'ils peuvent donner : il leur est loisible de se procurer les plaisirs du luxe, sans extravagance odieuse ; on en sera quitte pour leur appliquer le mot de saint Augustin : *Receperunt mercedem suam, vani vanam.*

Le goût du luxe est souvent frivole en lui-même ; la morale ascétique doit en condamner les excès, mais on ne peut nier qu'il ne serve parfois d'utile aiguillon à une partie notable de la faible humanité.

Il peut paraître inutile que les femmes portent des robes de soie, des fourrures rares, des rivières de diamants et des colliers de perles ; que, pour des courses peu longues et sans but, elles se fassent transporter dans d'élégantes voitures. Mais c'est parfois pour procurer à leur femme ou à leurs filles ces biens et à eux-mêmes le lustre qui en résulte, que certains hommes auront peiné, inventé, affronté des risques, créé des industries utiles au monde entier, tandis que ces mêmes hommes se seraient détachés plus tôt du harnais si on avait voulu les réduire au simple confortable.

On objecte à cette remarque : « Mais si ces hommes n'ont gagné ces millions que pour les consacrer à un tel usage, à quoi sert-il qu'ils les aient gagnés ? » L'insuffisance de l'objection et le vice du raisonnement sont manifestes. Outre que ce n'est pas tous ses millions, mais seulement une fraction secondaire que l'homme industrieux, mais vain, consacre à acheter des dentelles ou des perles à sa femme, on oublie, dans ce raisonnement, qu'un industriel, un commerçant entreprenant et habile, ne sont pas seulement utiles à la société par la fortune personnelle qu'ils ont, mais encore et surtout par toute l'activité productive qu'ils suscitent autour d'eux et qu'ils dirigent. Les sommes qu'ils gagnent personnellement ne sont qu'une parcelle de l'ensemble des valeurs qui ont été créées grâce à leur esprit d'initiative, à leur puissance de combinaison, et qui n'auraient pas existé sans eux. Nous avons prouvé souvent que, dans bien des cas, la fortune d'un homme doué de beaucoup d'ingéniosité et de fécondité d'esprit ne représente qu'un courtage insignifiant, quelquefois moins de 1 pour 100, sur l'ensemble des valeurs qui ont dû leur naissance à ses qualités propres, à son esprit de direction, à sa force de combinaison, et dont le monde eût été privé, sinon perpétuellement, du moins pendant un temps qu'on ne peut calculer, si les efforts de cet homme ne s'étaient pas produits. L'objection que nous avons rapportée s'arrête ainsi aux apparences et ne tient nullement compte de ce qui doit surtout préoccuper l'homme réfléchi, à savoir les effets indirects, différés et prolongés d'une cause déterminée. Un économiste anglais très subtil. M. Marshall, a écrit que l'économie politique est la science des mobiles humains, appliqués à la production des richesses. On méconnaît cette ingénieuse et en grande partie exacte définition, quand on suppose que la production resterait identique, si l'on venait à supprimer quelques-uns des mobiles qui la déterminent.

En résumé, on peut regarder comme une quasi certitude que les efforts surérogatoires, exceptionnels, que suscite le désir du luxe augmentent singulièrement la puissance productive de l'humanité, même pour les objets nécessaires.

3) Le luxe a été l'introducteur de tous les progrès dans la demeure, dans le mobilier, dans les arts, dans les fleurs et les fruits. L'embellissement très légitime de la vie humaine donne aux hommes le sentiment et le goût de la variété, de certains changements : ce sont des conditions très propices à l'activité et aux perfectionnements. Le luxe fait descendre dans toute l'échelle sociale le goût des *decencies*, objets de convenance élégante, qui vont souvent avec la propreté et l'hygiène, et qui, s'ils n'en sont pas les conditions nécessaires, se trouvent souvent être leurs introducteurs.

Sans revenir sur ce que nous avons dit à ce sujet, constatons que, dans nombre de villages et de fermes, pour ne pas parler de beaucoup de quartiers des grandes villes, il serait désirable qu'un certain luxe de la demeure, du mobilier et parfois du vêtement pénétrât. De proche en proche, par la force de l'esprit d'imitation, l'exemple des classes supérieures, et grâce aux progrès industriels, il s'y introduira. Le luxe, en s'appliquant aux objets réputés superflus, donne souvent des indications et des directions très utiles pour l'amélioration de la production des objets communs. Ainsi, on est arrivé à Bordeaux à des soins très minutieux pour les vins, parce qu'ils constituent des objets de luxe que l'on paie un prix très élevé. Dans certains départements du Midi de la France, au contraire, où l'on cultive admirablement la vigne pour la production de vins communs, on néglige encore la vinification, on ignore la méticuleuse propreté des caves et des vaisseaux, les soutirages fréquents, toutes les précautions à apporter pour que le vin se conserve et s'améliore. Il en résulte que parfois le vin s'y gâte, s'aigrit et se perd. Peu à peu, cependant, les habitudes de la vinification bordelaise, dans la mesure où elles peuvent s'appliquer à des vins de bien moindre prix, s'insinuent, grâce à l'esprit d'imitation, dans les contrées voisines, productives de vins grossiers. Cette amélioration générale dans les procédés, c'est le luxe appliqué aux vins qui en aura été l'initiateur et le graduel propagateur. Cet exemple est topique : on en pourrait citer mille autres à l'appui. Il en est de même pour la culture des fruits et celle des fleurs ; c'est le luxe qui a trié, sélectionné, peu à peu répandu et rendu vulgaires les bonnes et belles espèces. Le raffinement des productions de luxe introduit graduellement et généralise des méthodes plus parfaites, même pour l'amélioration, et la conservation de produits communs de même catégorie, et contribue à améliorer ces produits communs.

Personne ne peut dire ce que seraient les arts sans le luxe. Certains domaines artistiques n'existeraient pas sans lui. On ne peut concevoir, sans le luxe, les portraits de Van Dyck. De même, sans le luxe, la plus grande partie de l'Ecole hollandaise n'eût pas existé, car ce sont les particuliers qui, en ornant avec un soin jaloux leurs demeures, ont offert un débouché à cette Ecole. Il en est de même de presque toute la peinture moderne.

Certains hommes, à la fois artistes et austères, voudraient confisquer le luxe pour les pouvoirs publics. Ceux-ci seuls, pour les fêtes nationales ou communales, pour les monuments destinés aux services généraux, pour les commandes ou achats de tableaux, de statues, se chargeraient d'embellir la vie et d'encourager les arts. Sans nier que les gouvernements ne puissent, dans une certaine mesure, contribuer à ce résultat, nous avons prouvé ailleurs combien ils s'acquitteraient insuffisamment et mal de cette fonction, si on voulait la leur transférer tout entière. Le luxe public se pourvoit avec l'impôt, c'est-à-dire avec l'argent prélevé, sans le consentement explicite de tous ceux qui le paient, quelquefois avec leur manifeste désapprobation. Les abus sont bien plus à craindre alors. Le luxe public, beaucoup plus que le luxe privé, outre qu'il est plus exposé à la prodigalité parce que ceux qui le dispensent ont une responsabilité très restreinte au regard des abus, se trouve bien plus sujet que le luxe privé à tous les engouements et partis pris d'école, au favoritisme, à la camaraderie. Personne ne soutiendra en France, par exemple, à l'heure actuelle que les achats annuels faits par l'Etat ou la Ville de Paris aux expositions de peinture et de sculpture soient toujours la manifestation exacte et sûre du bon goût et de l'impartialité.

4) Le luxe est utile pour un emploi intelligent des loisirs. Sans luxe, pour une grande partie de l'humanité, les loisirs deviennent souvent brutaux. Ainsi, les pianos, les instruments de musique, les billards, presque tous les jouets et articles de distraction, les belles fleurs et les beaux fruits, les serres, les collections, sont des produits de luxe ; tout au moins, si on ne les regarde plus comme tels aujourd'hui, on les a regardés ainsi autrefois, lorsqu'ils

étaient encore à la première période de tout produit raffiné nouveau, qui n'est pas encore tombé dans l'usage général.

La production des objets de luxe contribue beaucoup à maintenir les industries domestiques. Il est, en effet, dans la nature de ces objets de ne pouvoir être produits mécaniquement dans de grands ateliers, sinon ils perdent le caractère de distinction qui doit les caractériser. Ainsi les dentelles, les broderies, les gants, la taille ou le montage de pierres et de bijoux, les peintures et décorations de menus articles divers se font souvent au foyer de l'ouvrier. Ces taches occupent parfois les jeunes filles et les femmes, et contribuent à empêcher les campagnes de se trop dépeupler.

5) On peut arguer en faveur du luxe, ce qui n'est cependant pas un avantage pour tous les pays, notamment pour la France, qu'il concourt à prévenir ou à limiter, dans les pays qui y seraient portés, l'excès de population. Il pourrait parer à ce danger qui est réel pour diverses contrées de diverses races, l'Italie, l'Allemagne, la race irlandaise, en répandant le goût et la recherche des objets de convenance et d'agrément, ce que les Anglais appellent les *deceticies* ; il résulte de ce goût et de cette recherche trois conséquences : un retard dans l'époque du mariage, ce qui, quand il n'est pas trop prolongé, n'offre guère d'inconvénients ; une réduction du nombre des enfants par mariage, ce qui également, quand on ne le doit pas à des pratiques vicieuses et que cette réduction empêche simplement un pullulement de 8, 10 ou 12 enfants par famille, ne peut être condamné par la morale ; enfin le désir des *decencies* ou objets de convenance et d'agrément, allant au-delà du confortable simple, paraît être en opposition avec l'abus de la force procréatrice, si bien que

certains économistes ont vu dans le goût du luxe le plus grand obstacle à l'excès de population, *overpopulation*.

Quoique la France palisse depuis quelques années d'un mal tout contraire, il ne faut pas oublier que le monde en général, la Belgique, l'Allemagne, l'Italie, la race irlandaise, tout l'extrême Orient, souffrent de charges de famille prématurément assumées ou exagérées par les hommes résignés à la plus grossière existence et à la jouissance des seuls plaisirs élémentaires.

6) Le luxe bien entendu forme une réserve utile à une nation et aux individus pour les temps de nécessité. Cette heureuse conséquence concerne surtout le luxe en objets durables, très supérieur au luxe en objets passagers ; il n'appauvrit pas la nation, ni même souvent les individus. Il peut être même une forme d'épargne pour les natures peu disposées aux privations. Ainsi, le luxe qui se porte sur les achats de tableaux, de jolis meubles, de tapisseries, d'articles de collection, de bijoux même, lorsqu'il est défrayé sur le revenu et qu'une certaine intelligence y préside, constitue pour une famille, une réserve qu'après des années ou des dizaines d'années elle peut s'estimer très heureuse de posséder.

Ce luxe-là ressemble à l'économie ; c'était celui que le fin observateur anglais Temple louait chez les Hollandais.

7) Le luxe diminue plutôt qu'il n'augmente l'égalité des conditions. Si les gens riches épargnaient toujours et capitalisaient à nouveau tout ce qui dans leur revenu dépasse le nécessaire ou le simple confortable, outre que ce serait là une pratique dépourvue de toute raison puisqu'elle accroîtrait indéfiniment les moyens de consommation, sans jamais accroître les consommations elles-mêmes, ces

féroces épargnants finiraient par détenir des fortunes exubérantes ; l'écart entre les conditions serait beaucoup plus grand qu'aujourd'hui et s'accroîtrait sans cesse ; on reviendrait lentement à la situation des peuples primitifs où les gens riches n'ont d'autre emploi de leur revenu que l'entretien avilissant d'un nombre infini de domestiques et de clients.

Certaines dépenses de luxe, chez l'homme riche, loin d'être condamnables, contribuent à la sociabilité.

L'homme opulent doit faire de son revenu différentes parts : l'une destinée à une vie confortable, honorable, au sens judicieux que le monde attache à ce mot ; une autre à des dépenses pour secourir, aider ou guider son prochain : dépenses de patronage, dépenses pour s'associer aux expériences incertaines en vue d'un résultat utile, de manière à concourir efficacement au mouvement de la civilisation. Nous ne faisons qu'esquisser cette fonction essentielle de l'homme riche : nous lui consacrerons, dans un prochain article, quelques développements. Il doit, en outre, conserver avec soin sa fortune : ce n'est pas pour lui seulement un acte de prévoyance, c'est un devoir social ; il doit même l'accroître ou chercher à le faire par une épargne qui n'ait rien de sordide ni d'outré ; mais il ne lui est pas défendu de faire une part au luxe bien conçu, dépassant le simple confortable ; il est même bon qu'il fasse cette part : c'est presque là aussi une partie de sa mission.

La civilisation et l'humanité perdraient infiniment et la production elle-même à l'élimination de tout luxe.

Le luxe, en dehors de certains abus, étant ainsi justifié ou excusé, il n'en est pas moins vrai qu'il n'est pas le but de la richesse. La fortune n'est et ne doit être qu'accessoirement un moyen de jouissance ; elle est surtout un pouvoir d'administration ; c'est à ce titre qu'elle mérite d'être recherchée et conquise. C'est pour ce caractère que nombre de natures énergiques la poursuivent. En tant que pouvoir d'administration, la fortune a une fonction sociale ; cette fonction, nous nous efforcerons de la dégager et de l'exposer dans le prochain chapitre.

Chapitre II

La législation et le luxe -

La fonction sociale de la fortune

Nous avons étudié dans le précédent chapitre, les divers caractères du luxe ; nous avons décrit les conditions où il est non seulement excusable, mais légitime, et où, soit économiquement, soit socialement, il se montre plutôt bienfaisant que nuisible. Il y a beaucoup d'injustice à le charger, en bloc et sans distinction, de tous les péchés d'Israël. Nous voudrions maintenant parler de la législation sur ou contre le luxe et, d'une manière plus générale, traiter de la grave question de la fonction sociale de la fortune.

I

Dans les âges aristocratiques, comme dans les sociétés démocratiques, les législateurs, au cours de l'histoire, se sont montrés en général plutôt hostiles au luxe. Trois raisons principales les ont guidés à ce sujet dans l'antiquité et se retrouvent encore, plus ou moins, chez les gouvernements modernes : 1° la croyance que le luxe amollit, 2° le postulat philosophique de l'égalité des hommes ou, du moins, des citoyens, 3° une sorte de jalousie publique qui veut garder pour l'État ou pour les villes les manifestations de l'extrême opulence. L'histoire fourmille d'interdictions du luxe, aussi draconiennes qu'inefficaces. Il s'est passé en cette matière un phénomène analogue à celui de la lutte des législations contre l'intérêt de l'argent. On voulait empêcher les gens de tirer avantage de leur richesse, soit en la dépensant soit en la prêtant.

En Grèce, c'est Lycurgue qui paraît avoir le premier systématisé la prohibition légale du luxe. D'après Plutarque, personne à Sparte ne devait posséder une maison ou des ustensiles et meubles qui n'eussent pu être faits avec une simple hache et une scie ; les seuls assaisonnements permis pour la nourriture étaient le sel et le vinaigre. A Locres, Zaleucus défendait de porter un anneau d'or ou des vêtements de Milet, un seul verre de vin bu sans ordonnance du médecin entraînait la peine de mort. A Athènes, Solon, émule adouci de Lycurgue, réglementait surtout les toilettes des femmes, le luxe des festins et celui des funérailles; des inspecteurs étaient institués à l'effet de constater les contraventions aux règlements.

Dans la société romaine, un autre sentiment commence à se manifester, qui a inspiré toute la politique du moyen âge en pareille matière, et qui se retrouve encore chez les débris des classes féodales en Allemagne, dans les pays musulmans, etc., c'est le sentiment aristocratique qui veut garder la hiérarchie traditionnelle et faire observer, dans la vie extérieure, les distances entre les classes. C'est à quoi veillaient surtout les censeurs. Avant eux, la loi des Douze Tables contenait déjà quelques restrictions du luxe des funérailles. La célèbre *Lex Oppia de cultu mulierum* en 215 avant Jésus-Christ, la *Lex Orchia* en l'an 187, la *Lex Fannia* en l'an 143 et nombre d'autres, tour à tour l'objet de rappels, puis de remises en vigueur et de clauses nouvelles, ne purent ni prévenir le luxe de toilette chez les femmes, ni les funérailles somptueuses, ni les repas extravagants. C'est surtout le parti aristocratique, Caton, Sylla ensuite, qui se complaisaient à ces interdictions, lesquelles visaient principalement les chevaliers et les autres classes enrichies par le commerce. Les combats et jeux de cirque étaient aussi réglementés par Sylla, de même que les jeux de hasard.

Au moyen âge et au commencement des temps modernes, les lois somptuaires reparaissent et se propagent. Le sentiment religieux n'y est pas toujours étranger; on voit ces lois renforcées aux moments d'enthousiasme chrétien et sous les princes austères, au temps des croisades, par exemple, et sous saint Louis. Le sentiment qui domine, toutefois, cette législation est celui que nous avons décrit : la jalousie des classes militaires, souvent gênées, contre les classes bourgeoises, enrichies et ascendantes. Il s'y mêle parfois aussi, dans les villes libres ou communes, un peu d'envie démocratique. Plus tard, des idées plus compliquées s'y ajoutent : celle de maintenir les fortunes de la noblesse en les préservant du gaspillage, puis d'empêcher les métaux précieux de sortir du pays pour payer des articles luxueux faits à l'étranger. C'est toujours, cependant, la pensée aristocratique qui est au fond de ces dispositions.

Comme le remarque l'économiste allemand Roscher, la législation somptuaire est très intéressante pour l'étude de la technologie et pour celle des rapports entre les classes. Le développement des lois sur le luxe, malgré leur inutilité, est intéressant à suivre. On veut traduire extérieurement les distinctions sociales, et l'on applique une sorte de loi des suspects à tout produit nouveau. Les chevaliers seuls doivent porter de l'or, les écuyers de l'argent, les premiers peuvent user de velours ou de damas ; les seconds de satin ou de taffetas.

Parmi les lois les plus célèbres contre le luxe, les érudits citent celles de Jacques d'Aragon en 1234, d'Edouard III d'Angleterre, de 1327 à 1377; — ce dernier est l'un des grands propagateurs de l'industrie de la laine et jalousait les tissus plus riches; — celles de Philippe le Bel de 1285 à 1314.

Au XIVe siècle la législation lutte surtout contre les fourrures, au XVIe contre la vaisselle d'or et d'argent. Au XVIIe siècle même et sous Colbert on trouve des ordonnances contre la vaisselle plate, avec injonction de la porter à la monnaie. Les besoins du trésor royal entrent pour beaucoup dans certaines de ces prescriptions.

En Allemagne, jusqu'au XVIIIe siècle, on relève de nombreuses ordonnances pour restreindre le luxe des enterrements ; c'étaient peut-être les mieux observées de toutes les lois somptuaires, parce qu'on y avait la complicité de l'héritier. Quant à celles sur les vêtements, les banquets, etc., leur sort était d'être constamment violées.

Suivant qu'ils étaient plus ou moins positifs et avancés en civilisation, les peuples modernes renoncèrent plus ou moins tôt à cette législation. Les lois somptuaires durent peu en Italie. En France, elles s'atténuent à la fin du XVIe siècle et disparaissent complètement au commencement du XVIIe; en Prusse, on les retrouve jusqu'à la fin du dernier siècle. On ne saurait approuver l'intervention du législateur en ces matières. Il empiète ainsi, à tort et à travers, sans aucune lumière spéciale qui l'y autorise, sur le domaine de la liberté individuelle. Il arrêterait aussi une foule de progrès dus à la variété des consommations. Toutes les denrées nouvelles ont été alternativement prohibées par les États : au XVIe siècle, l'eau-de-vie, au XVIIe le tabac, au XVIIIe siècle, le café, ont été successivement l'objet de prohibitions mitigées, l'usage de ces substances n'étant permis que sur une ordonnance de médecin. Ces interdictions ne se rapportent peut-être pas uniquement au sentiment d'hostilité des pouvoirs publics contre le luxe ; elles prétendaient s'inspirer aussi du souci pour la classe populaire.

Ce n'est pas à dire que l'Etat ne puisse assujettir à des impôts des denrées qui sont d'un usage répandu, tout en n'étant pas d'une absolue nécessité, et qui offrent des inconvénients hygiéniques ou sociaux. Pour l'alcool, le droit de taxation de l'Etat est manifeste, dans les circonstances présentes; ce n'est pas tant au point de vue du caractère superflu de la consommation que les gouvernements peuvent alors se placer, c'est à celui de la nécessité de se récupérer de tous les maux qu'inflige à la communauté l'abus de l'alcool chez certains individus. L'ivrognerie est une cause constante de rixes, de désordres publics, de maladies graves, de crimes ou délits, d'aliénation mentale; elle inflige à l'Etat, aux départements et aux communes de fortes dépenses et beaucoup de troubles pour la police, la justice, l'hospitalisation, l'assistance. Les taxes mises sur l'alcool, en vue d'obtenir de cette denrée le maximum de rendement fiscal, ont ainsi leur raison d'être. Dans une moindre mesure, une taxation de ce genre est licite pour le tabac qui, dans les lieux publics, expose à des désagréments, par le contact et le peu de retenue des fumeurs, la population qui s'abstient de cette denrée.

L'Etat, toutefois, n'a nullement le droit de prohiber l'usage de telle ou telle marchandise, parce qu'il la juge superflue. Il doit laisser à l'initiative privée, aux sociétés de tempérance, par exemple, le soin de faire des prosélytes. Elles y parviennent. C'est en 1803, à Boston, que ces associations virent le jour. Elles proscrivaient d'abord seulement les spiritueux proprement dits, *spirits* : elles sont arrivées à interdire à leurs adhérents toutes les boissons artificielles autres que le thé, ce qui est excessif. Dès 1834, elles comptaient aux Etats-Unis un million et demi de membres, chiffre qui, avec le temps et le développement de la population, a dû plus que doubler. En Angleterre, vers le milieu de ce siècle, ces sociétés avaient déjà trois millions d'adhérents. Grâce à eux, la consommation de l'alcool a considérablement diminué en Angleterre, une première fois, de 1835 à 1853 où le nombre de gallons taxés (le gallon vaut 4 litres et demi) est tombé de 31 400000 à 30 164000, malgré l'accroissement de la population ; une seconde fois, de 1878 à 1892, où le produit cumulé des droits de douane et des droits d'excise sur les spiritueux a fléchi de 20.675.935 liv. sterl. (environ 517 millions de francs) à 20.121.535 liv. sterl. (approximativement 503 millions de francs), quoique dans l'intervalle la population ait passé de 33.943.773 âmes à 38.109.329, plus de 12 pour 100 d'augmentation; la consommation des spiritueux s'est donc réduite dans cette dernière période de 15 pour 100 par tête, sans prohibition absolue. On doit considérer comme une excentricité la législation célèbre de l'Etat de Maine, dans la fédération américaine, qui prohibe toute vente de boissons spiritueuses (vin compris) et remet à un fonctionnaire public le soin d'en délivrer exceptionnellement pour des objets très restreints, déterminés par la loi. Il y a là une présomptueuse incursion du législateur sur le domaine privé. On a remarqué, d'ailleurs, que la restriction de la consommation de l'alcool a été accompagnée par un énorme développement de l'opium et de la morphine (en 1880, 206 grammes d'opium et 24 grammes de morphine par tête dans la ville d'Albany, contre 43 grammes d'opium en 1855).

Ainsi le pouvoir de taxation, en ne poussant jamais les droits au de la du point qui peut produire le maximum de rendement, est le seul moyen auquel l'Etat puisse légitimement recourir à l'endroit des denrées qui sont universellement reconnues comme dangereuses, à la condition que le danger ne soit pas seulement pour l'homme qui en fait usage et en abuse, mais, par voie de répercussion, pour la société en général. Encore l'État doit-il être très circonspect en pareille matière.

Ce n'est pas à dire qu'on ne puisse taxer aussi certains objets de luxe inoffensif; ceux-ci peuvent être soumis à un impôt, en qualité de symptômes de la richesse. En Angleterre et en France il y eut des impôts sur la poudre aux cheveux; dans le premier de ces pays, il en existe encore sur les armoiries; il y en a fréquemment sur les objets d'or et d'argent, les cartes à jouer, les billards, les chevaux, les voitures, les domestiques mâles, etc. ; on en a mis en Hollande sur les tulipes au beau temps de la manie pour ces fleurs. Certains de ces impôts peuvent se justifier ou s'excuser, non pas à titre de prohibition ou de restriction du luxe, ou d'intervention de l'Etat dans le choix des consommations, mais comme portant sur des signes assez précis de la richesse. En France, les taxes de ce genre produisent aujourd'hui une quarantaine de millions.

Quand ces taxes frappent modérément des objets qui se manifestent à l'extérieur ou dont soit la production, soit l'existence peut être vérifiée aisément sans inquisition, que d'ailleurs elles ne portent pas sur des minuties, on peut les tolérer. Mais il ne faut pas aller au delà. Les taxes somptuaires ont beaucoup d'inconvénients : d'abord les goûts variant sensiblement d'une génération à l'autre, il arrive que le produit de la taxe va souvent en s'évanouissant, ce qui a été le cas pour l'impôt sur la poudre aux cheveux en Angleterre qui, après avoir rapporté plus d'un million de francs par an, fut aboli quand il ne produisait plus que 25 000 francs. Les droits sur les armoiries et les domestiques mâles ont été aussi en diminuant dans la Grande-Bretagne. C'est folie d'attendre beaucoup des taxes de ce genre; un impôt n'est très productif que lorsqu'il a une base très large, c'est-à-dire qu'il atteint la généralité des habitants ou des fortunes. Si les droits sur ces articles sont très élevés, on pousse à la fraude ou l'on met en jeu la loi de substitution.

Une certaine école, qui préconise l'impôt sur les capitaux et les jouissances, veut assujettir à des taxes les objets d'art, les collections, les bijoux, les bibliothèques et les meubles. De tels droits existent dans quelques pays : ou bien ils ne sont guère que nominaux à cause de la fraude, ou ils exigent une perception inquisitoriale, ou ils diminuent la valeur des objets taxés et en restreignent la production, ce qui n'est pas sans inconvénient pour certaines industries d'art et pour les artistes eux-mêmes. Le plus souvent, ce sont des taxes d'ostentation et de peu de produit, des taxes arbitraires, en outre, et incertaines en ce sens que l'impossibilité de vérifier exactement la matière imposable rend cette taxation prodigieusement inégale suivant les degrés de conscience des contribuables.

Des impôts directs annuels sur des objets non productifs de revenu, s'ils étaient exactement perçus, finiraient par supprimer ou restreindre beaucoup l'usage d'objets dont la production et la jouissance raffinent la société, sans préjudice pour personne. Aussi ne saurait-on approuver l'intervention de l'État dans les consommations, en dehors des quelques cas très spéciaux que nous avons indiqués et qu'il ne faut pas étendre. Adam Smith a signalé avec raison la contradiction où se mettent les gouvernements quand ils prétendent interdire le luxe aux particuliers : « Etant eux-mêmes, et sans aucune exception (*without any exception*), les plus grands prodigues dans la société (*the greatest spendthrifts in the society*), si leur propre extravagance ne ruine pas l'Etat, celle de leurs sujets ne le fera pas. » Le point de vue éthique ne doit, pas plus que l'appréhension de l'appauvrissement social, suggérer aux gouvernements des mesures contre le luxe.

Dans un pays comme la France, des taxes rigoureuses sur le luxe seraient particulièrement nuisibles à l'ensemble des habitants. On ne doit pas oublier que nous sommes les grands fournisseurs d'objets de luxe de l'univers. Nos exportations d'objets fabriqués montent, on le sait, à 1 600 ou 1 700 millions de francs par année, après avoir dépassé 2 milliards. La bonne moitié de ces objets sont des articles de luxe, et beaucoup aussi de nos produits agricoles exportés; 250 millions de tissus de soie, 160 millions de tabletterie, bimbeloterie, brosserie, etc., 44 millions de modes et de fleurs artificielles, une forte partie des 129 millions de vêtements et lingerie, des 111 millions d'ouvrages en peau et en cuir, des 49 millions de poterie, verres et cristaux, des 30 millions de bijouterie, des 15 millions d'horlogerie, des 14 millions d'objets de collection hors du commerce, des 12 millions de parfumerie, des 213 millions de vins, sans compter beaucoup d'autres objets qui figurent dans le *caput mortuum* des 423 millions d'autres marchandises. Parmi les 3 milliards 460 millions d'exportations françaises en 1892 on reste certainement au-dessous de la vérité en évaluant les objets de luxe au tiers au moins, soit à 1 100 ou 1 200 millions.

Nos ventes réelles d'objets de luxe aux étrangers dépassent considérablement ce chiffre. Il faut tenir compte de ce que j'ai appelé les exportations occultes : tous ces objets que de riches Européens et Américains, de passage sur notre terre de France, achètent sur notre territoire même, qu'ils y consomment ou qu'ils remportent au fond de leurs malles, sans que la douane en ait souci et les porte en compte. En articles de toilette, de bijouterie, d'ornement, ces exportations occultes ont une importance énorme.

Que la France vende 1 800 millions à 2 milliards annuellement d'objets de luxe aux étrangers, soit résidant sur son sol, soit habitant au dehors, il n'y aurait pas lieu de s'en étonner. Avec ces objets de luxe nous achetons à bon compte les produits communs qui forment le gros de nos importations : les céréales, les laines, le coton, la houille crue, les grains et fruits oléagineux, les métaux divers, etc. Que les Américains s'avisent de mettre des droits de 30 pour 100 sur les tableaux ou sur les diamants, que dans la ville austère de Calvin on ait établi une taxe, peu productive, sur les collections d'art, c'est l'affaire de ces peuples rudes. Mais nous, Français, nous avons un véritable intérêt national à ne pas déchaîner le fisc contre le luxe, contre les objets d'art, contre les hauts prix qu'ils atteignent. La population de Paris ne vit guère que de ces travaux élégants et richement payés. Les ouvriers de Paris, s'ils entendaient leurs intérêts permanents, devraient être résolument conservateurs : s'ils gagnent plus que le paysan bas-breton ou limousin, quatre, cinq ou six fois plus et quelquefois davantage, avec une moindre durée de travail, c'est à l'inégalité des fortunes qu'ils le doivent. Le jour où les fortunes deviendraient égales, ou tout au moins se rapprocheraient de l'égalité, les salaires à Paris s'achemineraient mélancoliquement vers le taux des salaires de Quimper ou de Brive. Un économiste anglais, qui a eu assez de complaisance pour les tendances socialistes, M. Marshall, fait remarquer que la moyenne de revenu par tête dans le Royaume-Uni est d'environ 33 liv. sterl., ce qui représente 165 liv. sterl. ou 4 125 francs par famille de cinq personnes, et il ajoute : « Il n'y a pas peu de familles d'artisans dont les gains totaux dépassent 165 liv. sterl., si bien qu'elles perdraient à une égale distribution de la richesse. » En France la moyenne du revenu par tête et par ménage est, certes, bien au-dessous de ces chiffres ; mais un très grand nombre d'ouvriers parisiens gagnent sensiblement plus que la moyenne du revenu français et se trouveraient lésés à une égale distribution des revenus : même ceux qui ne perdraient pas directement à l'égalité n'auraient aucun intérêt, néanmoins, à la rechercher.

La question du luxe n'est qu'une face d'une question plus vaste, celle de l'inégalité des conditions. Il est prouvé que l'inégalité des conditions arrêterait tout progrès dans la société et la ramènerait graduellement à la somnolence intellectuelle et aux privations matérielles des âges primitifs. La suppression du luxe aurait des effets moindres, mais analogues.

Au point de vue même des rapports sociaux, le luxe bien compris contribue à adoucir les mœurs, à amortir les grandes passions, à entretenir les goûts pacifiques. Quant à prétendre qu'il efféminé les peuples, au point de compromettre leur indépendance, l'histoire ne le témoigne pas. Les Parthes et les Scythes ont aussi bien disparu que les Grecs et les Romains; dans l'Hellade, l'indépendance de Sparte ne survécut pas à celle d'Athènes, et il ne reste presque rien de la première, tandis que la seconde a embelli la vie des peuples civilisés pour des séries indéfinies de siècles.

II

La fortune a une fonction économique d'une suprême importance ; elle forme et maintient le capital, ce que ni l'État ni les gens négligents ou incapables ne pourraient faire ; mais en dehors de cette suprême fonction économique, la fortune peut aussi et doit moralement, nous ne disons pas légalement, exercer une fonction sociale. Nous avons fait au luxe sa part légitime. Le but de la fortune n'est, cependant, pas le luxe ; celui-ci peut être un objet accessoire, parfaitement licite, légitime, honorable même, toute réserve faite des abus ; mais on ne doit pas devenir riche uniquement, ni principalement, pour vivre avec somptuosité, délicatesse ou élégance. La fortune, c'est-à-dire la richesse concentrée à un degré élevé dans les mains d'un individu, a une mission, une fonction sociale qu'elle tient de sa nature même et qu'elle est seule à pouvoir bien remplir.

La richesse est le pouvoir de commander des produits et du travail, par conséquent de donner une direction aux uns et à l'autre; indirectement, sans éclat, mais très efficacement, plus intimement et plus familièrement, un homme riche est un conducteur d'hommes, comme un homme politique.

La fortune, qui est donc la richesse dans une certaine abondance aux mains d'un individu, constitue un pouvoir d'administrer. Ce pouvoir d'administrer, ou bien on l'a conquis, ou l'on en a hérité ; on peut n'en pas user et laisser les choses qui dépendent de soi aller à vau-l'eau ; alors la fortune a grande chance de se disperser et d'échapper aux mains incapables qui la détiennent. On peut s'en servir dans un intérêt purement égoïste ; alors on a des chances de devenir de plus en plus riche, en capitalisant de plus en plus, en étant utile à la société par des épargnes nouvelles; mais on ne remplit pas, dans toute sa plénitude, la fonction sociale de la fortune. On peut, au contraire, user de ce pouvoir d'administration en se plaçant à un point de vue élevé, général, sans que la personnalité en soit exclue.

L'Évangile a dit et toute la morale chrétienne a répété que les riches sont les administrateurs des biens des pauvres ou les économes des pauvres. Ce sont là de pieuses métaphores dont l'exagération, au point de vue humain, est évidente, mais qui contiennent une part de vérité, surtout la dernière. Un écrivain positiviste, M. Harrison, se demandait, en 1894, dans une revue américaine, le *Forum*, quel est l'usage des hommes riches dans une République. Quelques explications l'indiqueront.

Le premier devoir de la fortune, comme du capital en général, c'est de se conserver. La première faute, non seulement individuelle ou familiale, mais sociale, que puisse commettre un homme riche, c'est de diminuer sa richesse ; celle-ci étant un fonds, susceptible de perpétuité, utile pour la production et la direction des entreprises, la destruction, le gaspillage, l'émiettement de la richesse, soit par la prodigalité, soit même par une générosité imprudente, est une faute. Dans l'intérêt social, aussi bien que familial et personnel, chacun doit respecter et maintenir sa fortune.

Les revenus seuls peuvent être légitimement consommés. Quel usage en fera-t-on ? Une vie large est parfaitement permise ; elle n'a rien qui choque la morale. Elle est même, pourvu qu'elle reste en deçà des revenus, recommandable, dans la généralité des cas. Le luxe, bien compris, la décoration artistique de l'existence, sans vaine ostentation et frivole arrogance, est aussi un des emplois licites des revenus ; il est désirable, toutefois, que ce luxe se porte en grande partie sur des objets d'une certaine durée ; beaux meubles ayant un caractère artistique, tableaux, statues, gravures, objets de collection, ou à un autre point de vue : chevaux de race, animaux de choix; même, construction d'hôtels ou de châteaux ; il est légitime que les générations laissent quelques traces durables et élégantes de leur passage ; tout cela, toujours sous cette réserve qu'on ne gaspille pas sa fortune et que même on continue, dans une certaine mesure, à l'accroître.

Un certain accroissement de la fortune reste une des obligations, sinon morales, du moins économiques et à coup sûr familiales, qui s'imposent à l'homme riche. Celui-ci doit continuer, dans une certaine mesure, d'épargner et de créer du capital, pour procurer à l'ensemble de la société les moyens d'appliquer les inventions et les découvertes nouvelles, pour augmenter toujours le fonds productif qui allège les peines et augmente les produits de l'humanité. L'épargne, dans quelque situation de fortune que l'on soit, continue d'être un devoir, ne serait-ce que pour parer aux accidents qui sont toujours possibles. Les accidents ne viendront que trop tôt amoindrir ou détruire les fortunes ; il est prouvé que peu de grandes fortunes, de banque, de commerce ou d'industrie, se maintiennent sans notables atténuations, au delà de trois ou quatre générations. L'épargne reste donc un devoir pour l'homme riche ; mais elle ne doit plus absorber tout l'excédent de ses revenus au delà de la vie large et confortable. Une épargne de moitié du revenu ou d'un tiers du revenu pour les gens possédant les millions par dizaines, paraît en moyenne très suffisante ; pour ceux d'une moindre situation, elle peut être plus forte.

L'homme riche doit apporter le plus grand soin dans ses placements; c'est là sa principale fonction économique, fonction difficile, délicate, essentielle, quoi qu'en pense le vulgaire. Ce pouvoir d'administration qui est dévolu à l'homme riche doit comporter à la fois une certaine hardiesse, sans témérité, et beaucoup de réflexion et d'études. C'est un métier et une fonction, l'une des fonctions, l'un des métiers et les plus importants et les plus compliqués de la société, que d'être capitaliste.

Précisément, pour se permettre une certaine hardiesse dans certains de ses placements, il est indispensable que l'homme riche maintienne une assez large part à l'épargne, afin de compenser par elle les erreurs et les mécomptes possibles. L'imbécillité et la jalousie démocratique ne se rendent pas compte de ces tâches si malaisées qui s'imposent à la fortune.

Plus cette fortune est grande, plus la civilisation est perfectionnée, plus aussi le caractère de pouvoir d'administration doit prédominer dans la richesse sur le caractère de moyen de jouissance. C'est en cela que les gens riches, même au simple titre héréditaire, peuvent rendre et, par le fait, pour la plupart rendent de très grands services. Toutes ces vertus bourgeoises, bafouées par les irréguliers, les bohèmes, les décadents ou les sceptiques :

l'ordre, la prudence, l'art de compter, de ménager, de distribuer, de conserver, d'augmenter, témoignent que la majorité de la classe riche, l'ensemble de cette classe, à quelques exceptions près qui expient tôt ou tard leurs fautes, remplit la fonction économique de la fortune.

Mais l'excédent des revenus au delà de l'épargne, au delà de ce qui défraie la vie confortable, large, le luxe élégant et discret, qu'en fera-t-on? C'est ici qu'apparaît le rôle social de la fortune.

Une des premières tâches des personnes qui ont de grandes fortunes, c'est de s'associer et de participer aux essais qui apparaissent comme utiles et dont les résultats sont incertains. Beaucoup de découvertes et d'inventions doivent traverser une période d'incubation ; ainsi l'éclairage électrique dans les temps récents ; à l'heure actuelle, le transport de la force par l'électricité, le morcellement et la dissémination de la force motrice dans de petits ateliers, la recherche de la photographie des couleurs, etc. Des quantités d'essais coûteux sont nécessités par la poursuite de ces progrès que l'on entrevoit comme possibles, comme prochains même, mais qui sont loin encore de la période d'application. Ces essais, ce ne sont pas, en dehors des hommes professionnels et techniques, les personnes simplement aisées qui les peuvent faire ; tout au plus leur est-il possible d'y consacrer quelques minces et insuffisantes oboles. C'est l'initiative privée des personnes sérieusement riches qui y peut pourvoir. Il ne s'agit pas pour elles de lancer toute leur fortune ni même une notable partie dans l'inconnu; il ne s'agit même pas d'y engager une fraction de leur capital, c'est-à-dire de leur fonds permanent, mais simplement une fraction de leurs revenus surabondants, tout en en laissant une autre fraction à l'épargne tout à fait solide. Ainsi, la fortune remplit sa fonction sociale qui est d'aider au progrès ; en fait, elle s'en acquitte plus souvent que ne le pense le vulgaire.

Ce n'est pas seulement l'expérimentation industrielle, c'est aussi l'expérimentation agricole qui entre dans la fonction sociale de la fortune. Les grands seigneurs anglais, au témoignage de Thorold Rogers, dans son *Interprétation économique de l'histoire*, ont merveilleusement rempli cette tâche au XVIIIe siècle, et dans ce temps, aussi d'après les récits d'Arthur Young, nombre de gentilshommes et de riches industriels ou financiers de France ne la négligeaient pas. Il est bon que tout lien ne soit pas rompu entre le sol et la partie de la population qui a l'habitude de la direction des grandes affaires et qui est à portée de se rendre compte des doctrines scientifiques. Ceux qui veulent bannir la grande propriété et dépecer la terre entière, par morceaux à peu près égaux, entre des paysans, médiocrement pourvus, par leurs conditions nécessaires de vie, de ressources et de lumières, sont les ennemis inconscients du progrès agricole. La grande propriété moderne est l'école gratuite, le champ d'expériences novatrices, dont profite la petite propriété environnante. L'essai des cultures nouvelles, des semences bien sélectionnées, des instruments perfectionnés, des méthodes que la science suggère, c'est au grand propriétaire opulent, c'est encore mieux au riche industriel, au commerçant, abritant ses vacances ou ses loisirs dans une campagne dont il guide l'exploitation, qu'incombe ce soin essentiel. Ce n'est pas l'Etat, instrument habituel de gaspillage, de favoritisme, manquant en tout cas de souplesse, d'initiative variée et le plus souvent de fonds pour les œuvres utiles de détail, qui peut remplir cette mission. Sans médire aucunement des professeurs d'agriculture et en rendant toute justice à leurs mérites et à leurs efforts, un ou deux opulents propriétaires progressifs font plus dans un district que toutes leurs leçons. De même, pour le choix de bons reproducteurs, pour les croisements ou la sélection, pour l'amélioration des espèces végétales, les grands propriétaires riches ont un rôle à remplir, et chaque opulent industriel ou financier ayant des loisirs devrait consacrer une partie de son temps et une fraction de ses revenus (nous ne disons pas du tout de son capital) à cette œuvre noble et séduisante. Certains le font et, au lieu de gaspiller en locations de chasses des sommes improductives, se donnent le plaisir et se font l'honneur d'être des guides et des instructeurs indirects de la population rurale. Les concours agricoles fournissent bien des exemples de cette émulation. En Angleterre, ce sont des lords à fortunes énormes qui ont ainsi renouvelé et perfectionné les espèces animales domestiques, avec des béliers, des taureaux, achetés jusqu'à 4 ou 5 000 liv. sterl. sinon davantage (100 000 à 125 000 francs). Sans aller jusqu'à ces sommes énormes, on peut, dans des proportions efficaces, quoique modestes, contribuer à ce genre de progrès. Qu'une sorte de goût de sport et qu'un grain de vanité se mêle à ces essais, la fonction sociale de la fortune n'en est pas moins remplie. De même pour les reboisements, la pisciculture, etc.

Il ne s'agit pas là d'expériences désordonnées, comme celles auxquelles se livrent des esprits incohérents ou imprudents et par lesquelles ils compromettent souvent et diminuent leur fortune ; il ne faut pas oublier que la maxime fondamentale est que le premier devoir du capital consiste à se conserver. Mais cette tâche d'expérimentation des progrès industriels et agricoles peut être assumée et suivie avec réflexion, circonspection, méthode, dotée seulement avec une fraction des revenus surabondants, non seulement sans compromettre le capital, mais même tout en laissant une large part à l'épargne annuelle.

III

La fonction sociale de la fortune est si essentielle en ce qui concerne l'exploitation du sol et la direction de la population rurale qu'on nous permettra d'y particulièrement insister. Les préjugés les plus funestes règnent à cet endroit, particulièrement dans les cercles législatifs et politiciens. On suppose qu'il y aurait avantage à développer de plus en plus la petite propriété aux dépens de la grande, à éliminer même complètement celle-ci: l'on ne voit pas qu'ainsi l'on se priverait du principal élément de progrès agricole.

La grande propriété, quand elle est en de bonnes mains, ne laisse pas d'avoir, en nombre d'occasions, une supériorité considérable, à divers points de vue, sur la petite. En général, la grande propriété moderne (nous distinguons nettement celle-ci de l'ancienne grande propriété nobiliaire) possède proportion-nellement plus de capitaux que la petite. Outre que, jusqu'à un certain point, les capitaux acquièrent par la concentration une force qui dépasse celle qu'ils ont à l'état de dispersion, cette supériorité de capitaux est un avantage notable. On peut ainsi se pourvoir de plus de machines, faire au sol plus d'avances, et en recueillir par conséquent plus de fruits.

Quoique à un moindre degré qu'en industrie, le coût des installations en agriculture ne croît pas en raison directe de l'importance des surfaces ou des récoltes. Pour les cultures surtout qui ont un caractère industriel, et la plupart y tendent aujourd'hui, notamment pour la vigne, la betterave, l'élève du bétail, de grandes installations concentrées offrent une sensible économie de capital et de frais généraux par rapport à une multitude de petites installations destinées à un produit équivalent.

Une vaste cave, avec des foudres de 150 à 200 hectolitres chacun, pouvant contenir 10 000 ou 20 000 hectolitres de vin, une laiterie ou une fromagerie qui doit faire des centaines de quintaux de lait ou de fromage, des distilleries ou des féculeries énormes, sont loin de coûter autant comme frais d'établissement et d'exiger autant d'entretien ou de main-d'œuvre que le total des petites installations vingt fois ou cent fois moins importantes qui donnent, toutes réunies, une production égale.

Ces avantages, si sérieux qu'ils soient, se trouvent secondaires relativement à un autre qui les prime de beaucoup : l'avantage par excellence de la grande propriété moderne, c'est sa supériorité scientifique et industrielle; c'est cette qualité qui la rend indispensable à la bonne économie et au progrès d'une nation. Cette supériorité intellectuelle et scientifique des grands propriétaires modernes est le pivot de tous les progrès de l'agriculture. Elle l'a été dans le passé, elle l'est beaucoup plus encore dans le présent, et chaque jour son rôle s'élargira.

Même l'ancienne aristocratie foncière au XIIIe et au XIVe siècle en Angleterre, au XVIIIe siècle dans le même pays et en France aussi, a rendu de très grands services à cet égard, comme en témoigne Thorold Rogers, peu prévenu en faveur des hautes classes, dans son *Interprétation économique de l'histoire*.

La grande propriété moderne joue beaucoup plus régulièrement ce rôle d'introductrice du progrès qui n'a été rempli que passagèrement, à certaines époques, par l'ancienne grande propriété nobiliaire, souvent frivole ou obérée. Dans le temps présent ou le récent passé, ce sont les grands propriétaires du nord et du centre de la France qui ont modifié les assolements, adopté de nouvelles cultures comme celle de la betterave, de nouveaux engrais comme le guano, les superphosphates, des amendements comme le chaulage, le marnage, des reproducteurs de choix; qui ont essayé les semences perfectionnées, dont des agronomes connus, MM. Grandeau et Armand Gautier, attendent le doublement de la production du blé; des machines enfin de toute nature, lesquelles ont pour objet et pour effet, non seulement d'épargner de la main-d'œuvre, mais d'accroître la quantité des produits, d'en éviter la déperdition et parfois d'en améliorer la qualité.

Un souffle de recherche et de progrès anime la grande propriété moderne, tandis qu'un certain attachement à la routine, une naturelle timidité, tendent à caractériser la petite propriété.

On a bien vu ces deux dispositions contradictoires dans le midi de la France lors des crises qu'a traversées la vigne. C'est un grand propriétaire du département de l'Hérault, M. Marès, qui a inventé le traitement de l'oïdium avec le soufre ; c'est un grand propriétaire d'un des départements voisins, M. Faucon, qui a appliqué la submersion pour lutter contre le phylloxéra; c'est une grande société viticole, celle des *Salins du Midi*, qui a fait connaître la résistance à l'insecte de la vigne plantée dans certains sables ; c'est sur le domaine d'un grand propriétaire de la Gironde, M. Johnston, qu'a été reconnue l'efficacité du sulfate de cuivre pour triompher du mildew ou peronospora.

Ce sont les grands propriétaires, particulièrement du département de l'Hérault, qui, luttant pendant quinze ans contre certains savants, notamment contre le grand chimiste Jean-Baptiste Dumas, qui voulait leur imposer le sulfure de carbone, et contre l'administration officielle qui préconisait exclusivement ce remède, ont avec des recherches infinies, une persévérance sans égale, des dépenses énormes, établi l'immunité des vignes américaines, sélectionné les plants, multiplié les essais et les expériences, et reconstitué plus de 600 000 hectares de vignes, presque soudainement détruits, en consacrant à cette œuvre, dans le seul département de l'Hérault, environ 300 millions de francs en une quinzaine d'années.

A l'heure actuelle, c'est aussi la grande propriété moderne qui fait des recherches incessantes pour lutter contre les autres ennemis de la vigne, l'anthracnose, le black rot; c'est elle qui a créé des hybrides ayant des qualités particulières, le « Petit Bouschet », « l'Alicante Bouschet » ; c'est elle aussi qui recherche les meilleures méthodes de vinification, qui introduit les fouloirs-égrappoirs, au lieu du procédé tout primitif d'écrasement de la grappe sous les pieds du vigneron, qui s'ingénie à varier les modes et la durée de la cuvaison, qui fait les expériences des levures artificielles, etc.

Les petits propriétaires n'ont pas l'esprit assez alerte pour prendre l'initiative de ces expériences ; l'Etat a trop de rigidité et de parti pris, pas assez de souplesse, pour suppléer en pareil cas à l'ingéniosité diversifiée de l'initiative privée. Les petits propriétaires, quoique leur intelligence dans cette partie de la France soit plus éveillée qu'ailleurs, se sont contentés d'imiter tardivement, quand, depuis de longues années, la démonstration de certains modes soit de plantation, soit de culture, soit de traitement, soit de cuvaison, était absolument et depuis longtemps décisive.

Lorsque, au contraire, en 1892, le phylloxéra a éclaté dans une région où domine la petite propriété et où la grande est assez rare, la Champagne, les journaux ont été remplis, à diverses reprises, de sortes d'émeutes de paysans s'opposant aux constatations et aux essais des inspecteurs phylloxériques, ne voulant entendre parler ni de mesures préservatrices ni de traitements, et repoussant avec des injures et des violences ceux qui s'efforçaient de prévenir et de réparer le mal, exactement comme les paysans de certains villages reculés de la Russie repoussaient et maltraitaient les médecins dans l'épidémie cholérique de 1892.

Un avantage aussi de la grande propriété moderne, c'est la comptabilité agricole. J'ai appelé la comptabilité la conscience de l'industrie; les Italiens la nomment très heureusement *ragioneria*. Il ne peut y avoir aucune organisation méthodique, réduisant au minimum les chances possibles d'échecs et de déperditions, portant au maximum, au contraire, les chances de découverte et de progrès, sans comptabilité : or, non seulement, c'est la grande propriété qui a introduit la comptabilité agricole, mais elle est presque seule à la pratiquer.

Dans un pays pourtant de bon sens, de réflexion et de calcul, en Angleterre, on a rarement pu obtenir des fermiers, très supérieurs à la généralité des fermiers français et à beaucoup des petits propriétaires du continent, qu'ils tinssent une comptabilité régulière. Thorold Rogers s'en plaint; parlant des belles expériences et des grands succès agricoles de lord Lowell au XVIIIe siècle, il dit : « Les anciens du pays hochèrent sans doute la tête d'un air méfiant et se demandèrent ce qui sortirait de ces cultures de navets et de fourrages inventés de fraîche date. Quant aux fermiers, suivant de l'œil le développement des procédés nouveaux, ils les adoptèrent peu à peu: toutefois, ils ne peuvent jamais se résoudre, — Arthur Young s'en plaint, — à tenir une comptabilité régulière. » Rogers, au contraire, vante l'excellente comptabilité de lord Lowell, le chef de la nouvelle école au XVIIIe siècle. Or, sans comptabilité, on va au hasard; l'absence de comptabilité rend d'ailleurs défiant, c'est-à-dire peu progressif, parce qu'on n'a aucun moyen de se rendre un compte exact des essais et des innovations, surtout de celles à résultat échelonné.

Nous avons souvent écrit cette formule : *la grande propriété moderne*. Il est important de se rendre compte du sens de cette locution. Cette expression ne s'applique pas aux *latifundia*, domaines gigantesques de 10 000, 20 000, 50 000 hectares ou davantage. Elle a des proportions beaucoup plus modestes. L'ancienne grande propriété féodale, reposant sur les majorats et les substitutions, confiée à des hommes qui, pour la plupart, ont peu de notions techniques, industrielles et scientifiques, ne remplit pas, dans un très grand nombre de cas, l'office que nous venons d'indiquer. Aussi, la suppression des majorats, des substitutions et de toute entrave au commerce de la terre, ainsi que des droits élevés sur les transactions immobilières, constitue-t-elle une des conditions essentielles de la bonne exploitation du sol.

La grande propriété moderne est celle qui appartient à de riches agriculteurs de profession, pourvus d'instruction et d'ouverture d'esprit, comme on en rencontre un grand nombre dans nos progressifs départements du Nord et du Pas-de-Calais, entre autres, de la Gironde et de l'Hérault, de l'Aude et du Gard; ou bien encore, c'est celle qui est acquise par d'habiles industriels, auxquels leurs manufactures ou leur commerce ont procuré de larges fortunes et assurent de gros revenus. Le nombre de ces industriels, soit en activité, soit retirés des affaires, qui se laissent séduire à l'appât de la propriété foncière et aux attraits d'une exploitation agricole, devient de plus en plus considérable. C'est par cette catégorie de propriétaires surtout, ayant l'habitude de la précision, de la comptabilité, le sens de la hardiesse, la pratique des expériences et des essais, le goût des applications scientifiques, que la grande propriété moderne remplit sa fonction essentielle, l'une des plus importantes de la société. Rien ne la peut remplacer. Cette grande propriété moderne est comme l'hélice qui communique toute l'impulsion à la production agricole et la fait avancer.

Il y a cette différence importante entre l'industrie et l'agriculture que, tandis que la grande industrie tend à éliminer la petite des branches de production où elle s'est établie, la grande propriété moderne et la petite propriété peuvent, au contraire, coexister, faire très bon ménage ensemble et se rendre de mutuels services.

La grande propriété est très utile aux petits propriétaires qui l'entourent; elle leur fournit de bonnes journées et leur permet de ne consacrer à la culture de leur champ que les heures surérogatoires, dont le produit, quel qu'il soit, est en quelque sorte tout profit pour eux.

La grande propriété moderne rend, en outre, à la petite propriété de précieux services intellectuels et moraux. Elle instruit la petite propriété; elle lui donne des leçons de choses, elle lui fournit des modèles. Souvent aussi elle lui prête des instruments ou lui avance des semences et des plants.

A côté de ces grands propriétaires, il s'en trouve de moyens, disposant, par exemple, d'une propriété et d'un capital de 150 000 à 300 000 francs, et dont le rôle est fréquemment très efficace. Les petits propriétaires ne sont nulle part si prospères que lorsqu'ils se trouvent à côté d'un grand domaine intelligemment dirigé. Avec les progrès scientifiques, la terre, tout en conservant des inégalités naturelles, variant suivant les découvertes agronomiques, tend à devenir de plus en plus un instrument qui rend en proportion de l'habileté et des soins de celui qui le manie.

Il est bon parfois que des terres soient exploitées directement, même par de grands propriétaires qui n'y résident pas toute l'année. Cela permet de joindre la culture du sol à d'autres professions qui, bien loin de nuire à cette culture, aident au contraire à la perfectionner. On a souvent remarqué que des industriels et des commerçants enrichis sont très fréquemment d'excellents et surtout de progressifs agriculteurs. La direction générale d'une propriété leur apparaît comme une diversion et un repos, en même temps que comme l'application des méthodes d'expérimentation, de comptabilité qu'ils ont toujours pratiquées dans leur profession principale. Des savants aussi, chimistes ou autres, peuvent être d'excellents agriculteurs, tout en pratiquant leur profession principale, ce qui les oblige à ne pas résider toute l'année. Il est désirable que la direction de l'exploitation du sol incombe fréquemment à des hommes qui, par leur situation, leurs occupations, se trouvent au courant des progrès techniques et des progrès industriels, qui aient l'occasion de voyager et de comparer. A ce point de vue, le faire-valoir direct, même de la part de grands propriétaires non habituellement résidant, pourvu que ceux-ci ne soient pas de simples amateurs et qu'ils sachent choisir et surveiller leurs auxiliaires principaux, est une des conditions du progrès agricole. Le fermage, cependant, ne peut disparaître; il a sa grande utilité ; mais il n'est un régime vraiment fructueux et conciliant tous les intérêts que quand le propriétaire ne se désintéresse pas complètement de sa terre et ne se repose pas absolument sur le fermier du soin d'en tirer le meilleur parti possible. Le propriétaire, même sous le régime du fermage, a une fonction importante à remplir; s'il ne s'en acquitte pas, il est rare que le domaine ne finisse pas par décliner. Il doit d'abord choisir le fermier, ce qui exige beaucoup de discernement, fixer le prix de fermage, ce qui demande de la modération de sa part, car le prix maximum qu'il peut atteindre risque de décourager le fermier en temps de crise, consentir, quand c'est opportun ou légitime, des remises ou des délais. Voulût-on s'en tenir à ce simple rôle qu'il aurait déjà de l'importance et qu'on voit combien l'Etat serait incapable de le remplir, comme le proposent les socialistes : « Aucun propriétaire équitable ou intelligent, dit avec raison Thorold Rogers, n'exigera le maximum de la rente que donnerait la concurrence. Il voit ce que sa terre peut rapporter et n'invoquera pas comme excuse les offres que lui adressent des fermiers insensés. Quand un emprunteur offre 15 pour 100 d'intérêts à un banquier prudent, celui-ci s'empresse de lui refuser la moindre avance. »

De même pour les remises et les délais, un propriétaire avisé doit savoir en apprécier la nécessité dans certaines circonstances et s'y résigner. L'économiste-historien que nous venons de citer dit à ce sujet : « Dans les temps primitifs, la coutume anglaise a voulu que toutes les améliorations permanentes et toutes les réparations fussent à la charge du propriétaire du fonds, qu'il s'agisse de propriétés rurales ou urbaines. Ayant élevé les bâtiments à ses frais, ce fut à lui de les entretenir quand il cessa de faire valoir lui-même. Au XVe siècle, il assurait même son tenancier contre des pertes extraordinaires. Ainsi New-College affermait un domaine dans le Wiltshire et assurait à son tenancier toute perte dépassant 10 pour 100 du nombre total de ses moutons. Le risque n'était pas minime, car en deux années consécutives, en 1447 et en 1448, le Collège remboursa 73 et 116 moutons sur cette seule occupation. En 1500 Magdalen-Collège remboursa 607 moutons à des tenanciers. Les charges traditionnelles du propriétaire n'étaient donc pas légères et il ne pouvait s'y soustraire. » Sans qu'il existe ou qu'il doive exister d'obligation légale en ce sens, l'équité, de même que l'intérêt bien entendu, invitent le propriétaire à participer aux pertes exceptionnelles et qui ne pouvaient être prévues. Quant à celles qui, au contraire, étaient susceptibles d'être prévenues soit par une bonne exploitation du fermier, un surcroît de soins, soit par des assurances, comme les pertes résultant de la grêle, il n'est ni légitime ni même désirable que le propriétaire s'y associe; ce serait dégager le fermier de tout soin et de toute prévoyance.

Le propriétaire de la terre affermée a une autre et très considérable fonction. Il est le représentant des intérêts permanents de la terre, tandis que le fermier ne se soucie que de l'exploitation pendant neuf ans, ou quinze ans, ou dix-neuf, et que, dans les dernières années de la période, il n'est plus, si l'on n'a pas renouvelé son bail d'avance, ce qui est souhaitable, qu'un tenancier tout à fait précaire. Le propriétaire doit donc exercer une certaine surveillance sur l'exploitation. Il doit, en outre, parer à toute détérioration soit du sol, soit des installations, soit des bâtiments, soit des plantations, y avoir toujours l'œil ouvert et intervenir à temps pour empêcher qu'une négligence prolongée n'amène un préjudice notable. Bien plus, il doit coopérer aux améliorations, y pousser le fermier, si celui-ci est routinier, l'y aider par des prêts à intérêt modéré, si celui-ci est à l'étroit. De toute façon il doit coopérer aux progrès ; car il est rare qu'une nouvelle méthode de culture n'exige pas certains perfectionnements dans les bâtiments, dans les clôtures, dans les agencements permanents qui sont à la charge du propriétaire : barrages, drainages, rigoles, nivellements, etc.

La situation de propriétaire d'un bien même affermé est ainsi loin d'être une sinécure. Plus instruit, en général, que le fermier, vivant plus en contact avec les hommes qui s'occupent de science, possédant aussi plus de capitaux, le propriétaire, sauf le cas de fermiers exceptionnellement entreprenants, aisés et instruits, doit s'efforcer de faire que son domaine profite de toutes les applications efficaces de la science agronomique : il doit y contribuer par son influence, et fréquemment aussi par ses avances ou ses dépenses d'utilité permanente. Ainsi, la coopération harmonique du propriétaire et du fermier est une des conditions du succès prolongé du régime de fermage. C'est en partie parce que, à la suite d'une longue prospérité agricole et d'une période étendue de hauts prix, beaucoup de propriétaires, en France et en Angleterre ont trop oublié leur mission qu'il est devenu si difficile de trouver des fermiers solvables.

Quant à la disparition du fermage, elle n'est nullement désirable. Elle romprait tout lien avec la terre d'une partie des classes les plus intelligentes de la nation, de celles qui ont ou peuvent avoir l'esprit le plus ouvert au progrès et aux connaissances scientifiques, à savoir la plupart des hommes qui exercent les professions libérales, un grand nombre d'industriels et de commerçants Beaucoup de ces hommes peuvent utilement s'occuper, comme il a été dit plus haut, d'une propriété affermée et ne sauraient se charger complètement de son faire-valoir direct quand les propriétés qu'ils peuvent avoir ne se trouvent pas dans le voisinage strict de leur résidence. Or, quelle que soit l'importance de la division du travail, il est d'un haut intérêt économique et social que la population rurale, ne serait-ce que pour prévenir la torpeur intellectuelle, reste en contact fréquent avec la partie de la population qui, par ses occupations habituelles, a le plus la pratique soit des grandes affaires bien conduites, soit des recherches et des expériences scientifiques, soit des fluctuations économiques, soit enfin de la comptabilité rigoureuse. Rompre tout lien entre le sol et cette partie de la nation, ce serait nuire au premier et à la seconde, compromettre les progrès culturaux, détruire la plus utile influence réciproque que doivent exercer, l'une sur l'autre, la classe rurale et la classe adonnée aux professions qui entretiennent le mouvement dans l'esprit et le développement des connaissances.

IV

La deuxième fonction sociale de la fortune consiste dans les œuvres de patronage et de philanthropie rémunératrice. Ce mot de «philanthropie rémunératrice » peut étonner quelques personnes et prêter au sarcasme. Il est, cependant, très exact que les hommes riches rendraient de grands services sociaux, — quelques-uns en rendent d'ailleurs, — en s'acquittant de la tâche que nous désignons ainsi. Une partie des revenus des classes riches (nous parlons toujours des revenus et nullement des capitaux) doivent être consacrés à des entreprises d'utilité générale et populaire, qui, néanmoins, peuvent, bien gérées, produire une rémunération modeste, mais convenable.

Il se rencontre nombre d'œuvres qui peuvent être, dans une certaine mesure, productives pour les capitaux, mais où les chances de gains sont trop faibles, quoique n'étant pas complètement absentes, pour séduire les entrepreneurs privés, qui ne suivent que l'impulsion du strict intérêt personnel. Des hommes riches peuvent s'en charger en y consacrant une partie de leurs revenus, sans renoncer, pour cette fraction ainsi un peu aventurée, à tout intérêt, mais en limitant le montant de celui-ci.

Une enquête faite, il y a déjà une quinzaine d'années, par la *Société industrielle de la Haute-Alsace*, à l'occasion de l'exposition de 1878, a indiqué toute une série d'entreprises de ce genre, à la fois inspirées par un sentiment philanthropique et, cependant, indemnisant modestement les capitaux qui y étaient affectés : ainsi, les sociétés de crédit populaire, dont Schulze-Delitsch et Raiffeisen ont fourni d'admirables types, les sociétés coopératives de consommation, les assurances ouvrières, sous des formes très multipliées, les bains et les lavoirs pour les ouvriers ou pour la petite classe moyenne, les logements ouvriers, les restaurants à bon marché, etc.

Tous ces organismes qui concernent le peuple ou la petite classe moyenne sont ordinairement dédaignés par les entrepreneurs professionnels, et par les capitalistes qui veulent s'affranchir de tout souci; ils le sont, en général, par la raison que le bénéfice y est trop aléatoire, ou restreint dans des limites trop étroites, ou qu'encore il faut pour la gestion de ces menues affaires trop de soins minutieux et de perte de temps.

C'est aux hommes riches, par un prélèvement sur leurs revenus disponibles, qu'il incombe de s'en occuper, non pas à titre d'aumône, mais à titre d'œuvre d'utilité générale, où il est licite, néanmoins, et légitime de recueillir un modeste intérêt. Il ne s'agit pas d'aventurer ses fonds, en les considérant d'avance comme perdus : les œuvres de ce genre, qui n'indemnisent nullement les fondateurs, ne peuvent avoir qu'un développement insuffisant. Il convient, au contraire, de constituer des associations qui, suivant, l'expression anglaise, soient *self supporting*, c'est-à-dire qui, étant rémunératrices dans une certaine mesure, portent en elles un germe de développement indéfini. Depuis un quart de siècle, en Angleterre, en Amérique et en France même, bien des organismes de cette nature se sont constitués et ont démontré l'applicabilité de cette méthode. On fixait, en général, autrefois, l'intérêt maximum à 4p.100 : l'excédent devait être porté à la réserve ou consacré à l'extension de l'œuvre. On pourrait aujourd'hui placer la limite d'intérêt à 3 1/2 p. 100, en rendant cet intérêt *cumulatif*, ce qui est une méthode fréquemment usitée en Angleterre et consiste, quand une année n'a pas fourni un intérêt déterminé, à le prélever sur les excédents des années suivantes. En recourant à cette combinaison, nombre d'œuvres très utiles pourraient non seulement apparaître, mais se propager.

Il convient que les associations constituées pour cet objet se maintiennent rigoureusement sur le *self supporting principle*, c'est-à-dire qu'elles se préoccupent d'être toujours rémunératrices, dans la mesure modeste que nous venons d'indiquer, qu'elles repoussent tout don de particuliers, de l'État ou des villes, toute subvention, toute faveur; si elles en acceptent, l'entreprise devient immédiatement artificielle et peut être nuisible, en écartant absolument toutes les entreprises analogues dont des capitalistes ordinaires pourraient se charger. Tous les capitaux employés par ces associations doivent, sans exception, être rémunérés au taux uniforme qui vient d'être énoncé ; les actionnaires ou obligataires qui ne voudraient pas toucher l'intérêt n'auraient qu'à le capitaliser en souscrivant des actions ou des obligations nouvelles, les unes et les autres destinées à porter intérêt.

Cette méthode, qui ménage une rémunération en la limitant, est la seule qui soit efficace pour des œuvres considérables d'utilité populaire.

Outre les nombreux exemples fournis, de 1850 à l'heure actuelle, par l'Alsace, en voici d'autres qui constituent une démonstration irréfragable : il s'agit des logements destinés aux gens à petit revenu, ouvriers, petits employés, etc. M. Arthur Raffalovich, dans son très intéressant ouvrage : *le Logement du pauvre*, a décrit très exactement les efforts intelligents et rémunérés qui ont été faits à ce sujet. Ce titre, le Logement du pauvre, est, toutefois, défectueux, il ne s'agit pas là du pauvre à proprement parler, non plus que d'aumône ou de charité ; il s'agit des gens à petits revenus, ce qui est tout différent, et d'une entreprise à la fois économique et sympathique. L'Amérique, l'Angleterre et la France offrent des exemples frappants et heureux de ce genre d'entreprises. Pour le premier de ces pays, M. White, en 1877, à Brooklyn systématisa le premier les efforts dans cette voie. On constitua l'*Improved dwelling Association*, la société des logements améliorés; une femme, miss Colins, se fit l'apôtre de cette idée. Des maisons contenant des logements convenables, hygiéniques, à prix très modiques, furent construites dans diverses villes ; l'entreprise réussit à merveille : les souscripteurs avaient limité leur intérêt à 6 p. 100 et ils l'obtinrent, tout en améliorant singulièrement les logements pour les petites gens. Ce taux de 6 p. 100 est très élevé, mais dans cette période de 1877 à 1885, l'intérêt n'était pas déprécié en Amérique comme à l'heure présente ; aujourd'hui le taux de 3 1/2 cumulatif suffirait; l'entreprise doit être conduite très commercialement; les locataires en retard, par exemple, doivent être congédiés.

En Angleterre une femme, miss Octavia Hill, se consacra à une œuvre du même genre, dès 1864. Elle commença avec 19 000 francs; une vingtaine d'années après, elle avait 3 000 locataires ; elle supprima les *middlemen* ou locataires principaux. Le célèbre esthéticien Ruskin confia 75 000 francs à miss Hill, en stipulant que l'affaire serait conduite d'après les principes commerciaux stricts. On parvint à édifier des chambres convenables dont le prix de revient était de 50 livres sterling (1 250 francs) et qui, par conséquent, en tenant compte des charges diverses et de l'entretien, pouvaient se louer 65 à 70 francs par an. Miss Octavia Hill était très opposée à toute subvention de l'Etat, même à des prêts à un intérêt trop réduit. On connaît la fondation Peabody, à Londres, pour des logements populaires : elle repose sur des principes un peu différents. Néanmoins, les immeubles Peabody rapportent en moyenne 3 pour 100, et ceux de miss Octavia Hill 4 à 5 pour l00.

Il existe ainsi en Angleterre, à l'heure présente, 2 372 *Building Societies* qui, la plupart, fonctionnent sur le principe que nous venons de décrire. Elles comptaient 587 856 membres à la fin de l'année 1892; elles disposaient de 40 641 000 livres sterling, dont 24 729 000 versés par des actionnaires et 14 911 000 par des déposants, ensemble 1 milliard de francs. Leurs bénéfices s'étaient élevés à 1 897 000 livres sterling, près de 50 millions de francs, ou environ 5 p. 100 de ce capital consacré à construire des logements convenables pour les petites gens.

Il ne s'agit pas ici, à proprement parler, d'édifier des maisons pour les vendre aux ouvriers, comme l'a fait la société ouvrière de Mulhouse, ce qui est une organisation parfois heureuse, mais dangereuse quand on l'étend et qu'on l'introduit dans de petites villes à industrie unique et exposée à péricliter. On se contente de créer des logements sains, à bon marché, indemnisant convenablement ceux qui les construisent et qui les gèrent.

L'expérience a été reprise en France avec un très grand succès à Lyon, par un groupe de philanthropes pratiques, dont l'un, M. Mangini, a un admirable don d'organisation. Il a été construit ainsi dans cette ville 90 maisons contenant un millier de logements populaires. Cette entreprise de logements simples, mais décents et hygiéniques, produit 5 1/2 pour 100 de bénéfices dont les actionnaires reçoivent 4 pour 100, maximum statutaire, le surplus accroissant les réserves. Les objections que l'on peut élever contre ces œuvres ont peu de portée. De ce qu'elles ne profitent pas à tout le monde, ni aux gens les plus pauvres, il n'en résulte pas qu'elles soient dépourvues d'utilité pour une classe très considérable d'ouvriers et de petits employés. De même, si certaines de ces institutions risquent, au bout d'un certain temps, un demi-siècle par exemple ou trois quarts de siècle, de dégénérer ou de se corrompre, on n'en peut conclure qu'elles n'aient pas rendu des services ; c'est seulement une preuve que rien sur cette terre n'est définitif et qu'il faut, à chaque moitié de siècle, par exemple, modifier les types et les méthodes. Ces installations ont donné le goût de la décence et de l'hygiène de la demeure; elles ont fourni des modèles que nombre d'entrepreneurs privés ont ensuite imités.

Ce qui se fait pour le logement se peut faire encore pour la nourriture. Là aussi les Lyonnais ont donné des exemples très heureux: ils ont fondé des restaurants populaires où les portions reviennent à un prix très bas et qui, cependant, paient un intérêt convenable, 3 ou 4 pour 400, au capital engagé.

En s'associant aux œuvres de ce genre, la fortune remplit, sans s'amoindrir, sa fonction sociale. Le champ ouvert à cet emploi sympathique et cependant rémunérateur des capitaux est presque illimité; il se prête aux expériences les plus variées.

On pourrait multiplier les exemples de ces interventions heureuses d'hommes riches pour mettre les agencements et les combinaisons perfectionnés à la portée des classes populaires. Ainsi la Société industrielle de Mulhouse se préoccupait d'assurer les mobiliers ouvriers. Certaines compagnies, moyennant une prime uniforme de 5 fr. par an, assurent bien à tout officier 2 000 fr. pour ses effets personnels, 1 000 fr. pour son mobilier, 5 000 fr. pour les risques locatifs et 2 000 fr. pour les recours des voisins. On pourrait, pour les assurances des mobiliers ouvriers, imiter ces assurances militaires.

V

La troisième fonction sociale de la fortune consiste dans le patronage gratuit, les œuvres non rémunératrices. C'est encore là un des modes d'emploi à la fois d'une partie des loisirs et d'une fraction du superflu des revenus, après la part faite à la vie large, au luxe légitime, à l'épargne suffisamment ample, et à la catégorie d'entreprises qui vient d'être étudiée.

Il suffit ici de quelques mots. Le contact ne doit pas être perdu entre les différentes conditions sociales ; le patronage est le moyen de le maintenir. Quelles que soient les susceptibilités démocratiques, il ne disparaîtra jamais complètement; ce n'est plus le patronage antique, large de sa bourse envers les clients, mais d'une familiarité hautaine; ce sont des relations amicales, sympathiques, avec des gens moins instruits, moins fortunés, égaux en droits, un peu ombrageux. Les États-Unis d'Amérique en offrent de très beaux modèles, non seulement dans la vieille cité de Boston, mais dans la jeune et orgueilleuse Chicago. Mme Bentzon en a décrit des types divers et remarquables dans ses récits de la *Revue des Deux Mondes* cette année même. La femme, par sa délicatesse d'esprit et de langage, par sa nature insinuante, souvent douce et ferme à la fois, est le meilleur metteur en œuvre de ces diverses catégories de patronages; les jeunes gens et les vieillards s'y associent, plus encore que les hommes mûrs, moins enclins à la douceur et plus absorbés par les soucis professionnels.

Il serait superflu de s'étendre sur toutes les branches de ce sympathique patronage moderne dans les sociétés industrielles et démocratiques.

Enfin viennent les grandes fondations d'intérêt général, auxquelles se complaisent quelques millionnaires, qui honorent et conservent leurs noms; c'est en Amérique, d'une part, puis chez quelques petits peuples, comme les Grecs, qu'on en trouve les plus beaux exemples : des musées, des écoles, des observatoires, des promenades publiques, des églises, des orphelinats, des hospices ; tout homme ayant une fortune de premier ordre devrait avoir à cœur de s'associer à une fondation de ce genre. Il y a une vulgarité de parvenu et une bassesse naturelle à y demeurer étranger. Il ne s'agit pas d'amoindrir notablement les héritages et de transformer graduellement, à la mort, les fortunes privées en fortunes collectives ; cette transformation aurait les plus fâcheux effets économiques, la richesse étant beaucoup mieux administrée, sauf de très rares exceptions, par les particuliers qui la possèdent que par des collectivités, quelles qu'elles soient. Mais les fortunes de premier ordre sont souvent assez abondantes pour faire quelque part, sans exagération, à ces fondations.

Bien d'autres œuvres peuvent tenter les millionnaires. Dans ces dernières années, en France, on les a vus accumuler les prix à l'Institut; c'est devenu un usage banal et, par son excès, peu profitable à la science ; la plupart des académies de l'Institut et des sociétés savantes connues ont une pléthore de prix qui les embarrasse et font récompenser souvent d'assez médiocres ouvrages. Il faut renouveler la direction des générosités privées et en changer le but; les voyages d'exploration, par exemple, en Afrique et en Asie, les essais d'acclimatation d'animaux ou de plantes, les subventions aux recherches scientifiques et médicales sont parmi les emplois judicieux que l'on peut faire aujourd'hui de revenus superflus. Tel millionnaire éparpille par an, d'une façon peu fructueuse, une centaine de mille francs, en subsides à 30 ou 40 sociétés, qui ne se doute pas qu'avec cette même somme, employée à subventionner un voyage de découverte et d'exploration ou d'étude sur le continent africain ou asiatique, ou à des recherches méthodiques pour accomplir tel progrès, pour éliminer ou atténuer tel fléau, il rendrait cent fois plus de services à l'humanité, à son pays, et ferait plus d'honneur à son nom.

Les grandes fortunes anciennes, à Rome surtout, se répandaient en constructions de monuments publics divers, en jeux ou représentations pour le peuple. M. Gaston Boissier, dans ses récentes études sur l'Afrique romaine, montrait que, même dans les provinces reculées, ces dons abondants des hommes opulents au municipe, qui en revanche les honorait de charges coûteuses et de titres flatteurs, étaient très en usage. C'est à cette catégorie de largesses que faisait allusion M. Harrison, dans son article, plutôt sceptique, sur l'utilité des hommes riches dans une république. Ces énormes contributions de quelques particuliers à des fondations d'intérêt général peuvent être recommandables ; mais elles ne se trouvent à la portée que de très peu d'hommes. Les millionnaires américains, même ceux qui, comme M. Carnegie, sont des industriels très exacts, zélés défenseurs de leurs droits à l'égard des ouvriers, ainsi que des grèves récentes en ont témoigné, se complaisent à ces libéralités fastueuses.

La fortune peut, sans étaler des œuvres aussi magnifiques, remplir parfaitement sa fonction sociale. Celle-ci consiste à suppléer à l'initiative toujours arbitraire, souvent gaspilleuse, généralement peu éclairée ou peu impartiale et insuffisante, de l'Etat; à guider et instruire, soit par le contact direct, soit par des exemples pratiques, les classes moins aisées. Pour toutes ces œuvres dont nous avons parlé, il n'est besoin ni d'être un Peabody, ni de se transformer en sœur de charité ou en quakeresse.

Sous la triple forme que nous avons indiquée, la fonction sociale de la fortune, différente de sa fonction économique, c'est d'être initiatrice et auxiliatrice. Cette fonction ne peut être imposée par la loi: elle doit l'être par la tradition, la conscience, le goût même de l'activité utile et sympathique ; il serait bon aussi qu'elle fût soutenue par une opinion publique déférente, mais, dût cette condition manquer, ce ne serait pas une raison de s'abstenir de cette magnifique fonction.